食農保育

たべる
たがやす
そだてる
はぐくむ

農文協

目次

はじめに―この本の構成〈三つの軸〉

「子どもの育つ環境―食農保育とは何か」この本は3幕で構成されます。

第1幕は、記録映画「たべる たがやす そだてる はぐくむ　食農保育の実践」の採録シナリオと写真構成が中心です。舞台つまり紙面上でこどもたちの声が聞こえ、五感いっぱいに開く子どもたちから発せられるメッセージに出会うことができるように工夫しました。また五感とは？　記憶とは？　という制作者側の問いと視点、そして二人の保育士が園庭を掘り起こした、その発端の熱い想いが語られます。

＊

第2幕では、映画の舞台となった東村山市立第八保育園での食農保育の実践が語られます。始まりから五年間の蓄積とその後の数年間で達成したこと、可能性はなにか。また稲や野菜作りの具体的実践例を通して、保育の場としての留意点や大人たちの関わりにも焦点が当てられます。０歳児から五歳児まで、子どもたちの変化が保育士の生の声で語られます。

＊

第3幕は、各地の上映会で語られたことを中心に展開されます。寄稿文、発言、アンケート、講演録などで構成されています。造形美術、参加型学習、小児栄養学、保健行政など様々な専門家からの発言は、食農保育の可能性を示します。また会場からの発言は、痛みを伴う「現代の食風景」も語られます。保育の現場からの声も多数収録しました。いくつかの課題が示されます。

でも三つの幕はどの幕から読んでもよいのです。それぞれの幕は〈三つの軸〉で構成されています。第1幕は人の五感を問い、第2幕は園庭の中で集団の経験を考え、第3幕は園庭の外で様々なフィールドからの問いが発せられます。

ところで八人の執筆者のうち、農家で育ったのは二人です。でも多くの人たちの記憶に「農の風景」が残っています。

いま「食育」が叫ばれ、教育・学力が語られるのは、それが混乱・危機に陥っているしるしでしょうか。洋食が、江戸の食文化を保っていた大衆になだれ込んだ一〇〇年前も「食育」が語られました。いまは、何が問われているのでしょう。

子どもを育むために人びとの感覚、体験、記憶をどのように交流させていくことができるでしょうか。三つの軸の始点と方向は異なります。それらが交わるところに、「食農保育」が持つ意味が見えるように思います。

「負の記憶」はヒトの心を硬くする。この本が、記憶の層を掘り起こすくわになってくれることを願っています。……開始のベルが鳴りました。もうすぐ幕が開きます。

写真提供／小林大木企画
東村山市立第八保育園
沼田直子
本文イラスト／田中　等

第1幕　食農保育の発端

1 シナリオ「たべる たがやす そだてる はぐくむ　食農保育の実践」

オープニング

（音楽）

N（ナレーション）「園庭。保育園では園庭という言葉をよく聞きます。保育園の庭のことです。どこの保育園にもある小さな四角い園庭がこの五〇分の物語の舞台です」

●電車が行き交う遠景
画面が手前に移ると子どもや大人でにぎわう夏祭りの園庭。

T（字幕）東村山市立第八保育園
N「ここは東京の郊外、都心から三〇分ほどのところにある東村山市立第八保育園です」

園庭には青い稲の小さな田んぼ、
その向こうに浴衣姿の子どもたち。
大きなキュウリの葉、黄色い花を付けている。

N「五年前までは、庭は真っ平らで硬い土だったそうです。その土を掘り返して田んぼや畑を作り、子どもたちと稲や野菜を育てています。

第八保育園ではそれを『食農保育』と名付けています」

祭り太鼓が始まる。
青いトマトの茂みから太鼓をたたく大人たちが見える。

T 食《たべる》農《たがやす》保《そだてる》育《はぐくむ》

東村山市立第八保育園（公設民営）二年間の実践記録より

田んぼを作る――田植え

●園庭を掘り返す男性保育士と泥をかき回すパンツ姿の子どもたち。子どもたちの歓声。［二〇〇一年六月］

N「六月、麦を収穫した後、水田を作ります」

「おーい、土と水をぐちゃぐちゃに混ぜてごらん」保育士の声。
きゃっきゃっと高い笑い声「うわーっ」
「遊んじゃダメだよ」女子の声。
「遊んでもいいんだけどね、土は」保育士の声。

「ワニ、ワニ、ワニーッ」

泥んこになって遊ぶ子どもたち。
虫を見つける子。泥団子をこねる子。
泥田に入るのを躊躇《ちゅうちょ》している子もいる。
遊びはだんだん大胆になっていく。

泥田を泳ぐ女子「ワニ、ワニ、ワニ、ワニー」
体を洗って一息つく。

N「ここには0歳から五歳児までの六クラス、百人あまりの子どもたちがいます。三歳児から五歳児は、それぞれの部屋の前に畑や田んぼをつくって作物を育てています」

●田植え［五歳きりん組］

発砲スチロールの箱に稲の苗が育っている。
稲の苗を運ぶ子どもたち。

苗を手に持ってあぜ道を（巫女《みこ》さんのように）歩く子どもたち。
その足裏はあぜの土をしっかりつかんでいる。
泥田に入って足をとられる子たち。ずぼっ「うわー」
ぬめりとした泥に手を突っ込んで苗を植える。
しっかりと泥土を押さえる、子どもと保育士の手。
二人で最後の一列を植えている。
男の子、歌うように

苗を持って巫女《みこ》さんのように

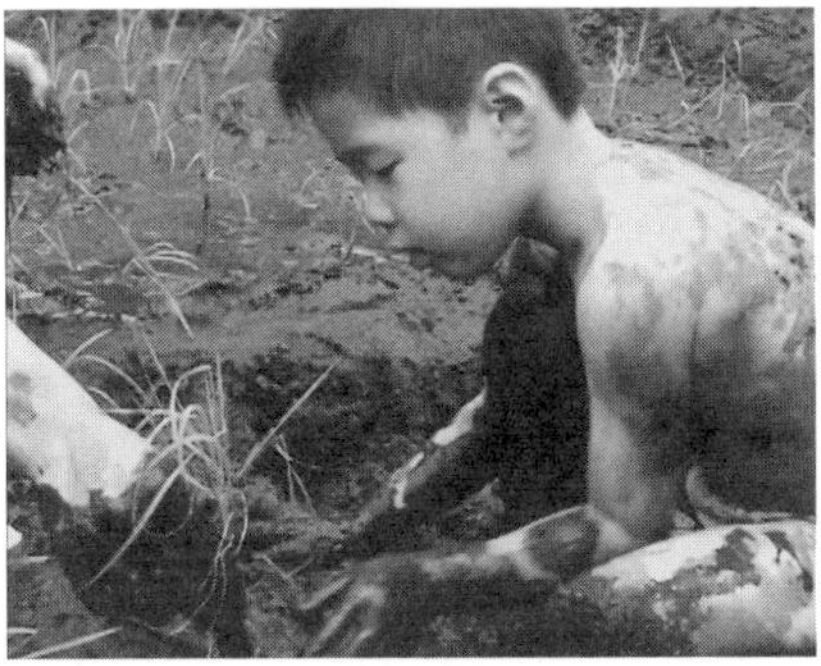

おこめができればごはんもおいしい

「おこめができればごはんもおいしい……」

男性保育士「それ、けいすけくんの作？」

「さく？　さくさくごはんがすきなの」「……」

即興の「田植え歌」は続いていく。

「全部けいちゃんがやった」やり終えて胸を張る。

「おこめっ！」「お米っ！」

園庭の小さな田んぼの周りを子どもたちが駆け回る。


（音楽）

（暗転）

職員会議

職員会議

●保育士たちが机を囲んで話し合っている。［二〇〇二年一月］

N「田植えから半年後の一月のある日、子どもたちがお昼寝をしている時間に、保育士さんたちが会議を開きました。一年間を振り返って、食農保育についてそれぞれの経験を伝え合います」

三歳児担任保育士「四、五月の段階では、土の中から野菜が出てくると思ってた子が何人もいて、一生懸命土を掘って、トマト出てくるかな、キュウリ出てくるかな、と言っていたんですが、自分のクラスの目の前の畑ですくすく野菜が育っていく過程を見ていくなかで、いろんなものを感じて気付いて。成長のあった一年だなあと思いました」

クラスの前の小さな畑、青いトマト、ハーブの花に蜂。その映像に保育士の声がかぶさる。

三歳児担任保育士「植えればすぐに野菜ができると思った子もいて、お昼寝から起きたらもうできてるかなって言って、植えたばかりの苗を引っこ抜いてみたり……」

これはダメだ。食べられない

夏の園庭・畑

●半年前の夏の映像、三歳児、クラスの前の畑で
「あー、あ、ピーマン」「もう緑になってる」「緑になってる」

保育士「あと畑に何がなってる?」「スイカがなってる」

二人の子ども、スイカをはさみで切りとり、二人で抱えて、

「みんなの、みんなの」


スイカをみんなで囲んで。

保育士「さあ、何色だ?」

「赤色!」「黄色!」

年長の男の子ゆっくりと包丁を入れる。

「赤いのでした」

熟しすぎた赤色「色が、」「熟れ熟れだね」

「腐ってるの?」「腐ってないよ」子ども。

「大丈夫かなあ?」「ぐちゅぐちゅ」

保育士、「大丈夫かな」スイカをちょっと口に入れてみる。

子ども「あ、たべてみたい」

「ちょっと、これはダメだ。食べられない」

「たべたい!」

「お腹痛くなっちゃうと困るから。ざんねーん。この間のは甘かったけど……今日はじゃあトマトにしようか」

子どもたち、思い思いにキュウリやナスを手に取る。

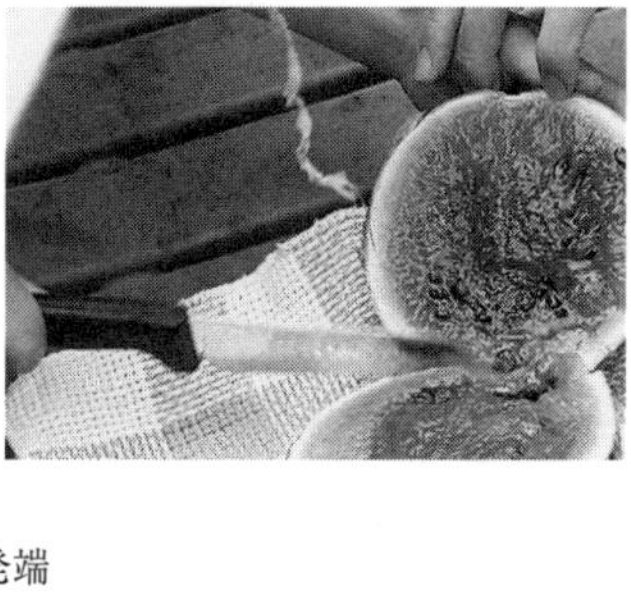

(音楽)

●庭の隅の畑にしゃがみ込んでいる四歳児と保育士
保育士の声「五月に土作りをして、ポットに種をまいて六月に苗を畑に植えかえて」

保育士「ほら、ピーナッツの赤ちゃんができてる」「かわいいね」
子どもがそっと土をかき分けると白い落花生が見えてきた。
子ども「できてるよ」「これが土に入っていくとね、ピーナッツができてくるんだって」
大人の声「花が咲いたところからたれ下がってきて？」
子ども「土に入ってそれでピーナッツになるの」
大人「知らなかった」
子どもも、指先で「ピーナッツの赤ちゃん」をさわってみる。
落花生の黄色い花、たれ下がった子房のアップ。
保育士の声「畑で葉が生い茂ったり、花が咲いていく様子を見て、花の下から子房というひげみたいのが出てきて、それが土にもぐって実ができるということを発見して……」

（音楽）

園庭をガッガッと掘る

●虫網を持って田んぼの周りを回る二人の子、セミの声
田んぼの稲はもう青々と育っている。
園庭のあちこちに畑も作られ、緑が息づいている。
庭の端にはもっこりした築山。

五年前も真っ平の園庭だった

N「この園庭は五年前までは真っ白な平らな整然とした庭でした。二人の保育士がそこを掘り起こしたときから、ここでそれまでになかったドラマが始まります」

●二人の男性保育士が古い園舎と庭の写真を見て話している。

N「これは現在の建物が建てられた頃の写真。五年前も園庭は大体こんな感じだったそうです」

●スコップで園庭を掘る二人の男性保育士

一〇センチくらい下に白い土の層が現れた。

保育士「この白い所が前の園庭だった」

保育士の声「子どもたちが生きていく場所じゃない、生活する場所じゃないなと（あのとき）お互い思ったんだよね、直感だよね。それで二人で黙ってしばらく、うーん、と考えイメージをしたんだね」

「キャンバスに何か書き込んでいこう、じゃなくて、ここから何かぽこぽこ出てくるイメージだったんで。ここにトウモロコシがにょろによろと生えてくるイメージがあって、ここにキュウリがあって、ここに田んぼがあって畑があって……イメージして、じゃあどうするかといったらシャベル持って、じゃあやるか、と」

掘った穴に苗木を植える二人。

N「庭に畑を作ることに初めのうちは反対も多かったそうです」

稲は子どもの背丈ほど伸びた

お昼寝から起きた三歳児

●三歳児クラスの前でガッガッと土を掘る二人の保育士
お昼寝から起きたばかりのパジャマ姿の子どもたちが寄ってきてジッと見ている。

くらさん（保育士）「バナナが、なるぞ」
「そこからバナナでる?」三歳児
のむさん（保育士）「どうする?　バナナ食べ放題」
「ふふふ」「バナナーあ?」

大人の背丈ほどあるバナナの苗木を植える。
ゆっくりと緑豊かな園庭にオーバーラップ。（音楽）

●成長した稲の田んぼと園庭
田んぼには水草が群がる。稲は子どもの背丈ほどに伸びた。あぜ道のむこうに子どもが歩くのが見える。お昼寝のひととき、チャボが地面をついばんでいる。

N「五年前、硬い土だった園庭には今、たくさんの緑が育ち、虫たちが集まり、様々な命が生まれています」
キウイの果実のアップ、表面の毛も硬くなってきた。
保育士の声「命を学ぶには命のある環境。命は命からしか学べないと思っているので、何か自分たちで命あるものをつくっていきたい」

稲の花

台風の日

軒先に干されている麦。稲田から一本のヒエが高く伸びている。

稲の葉が勢いを増してきた盛夏の園庭。

●空に雨雲が走っている。園庭。倒れた稲
「午後二時現在の台風の位置は……」台風情報を伝えるテレビ。

花を付けた青い稲が激しく揺れる。

（不安そうな）犬のナツ、ぽつぽつと雨。

ウサギのかごを室内に運ぶ子どもたち。

保育士の声「床上浸水！」「チャボも濡れてた」

室内に避難したウサギ。「死んじゃうよ、エサあげないと」

しゃがんで葉っぱをちぎる女子と男子。ウサギのエサをつくっている。

「うち、カサがあるからだいじょうぶ」

「リョウちゃんもカサある」

小雨の中、園庭の動物の小屋を見回る子たち。


N「作物を育てているようで、自分の兄弟や仲間を育てている、そういう気持ちになる子もいます、と保育士さんは言います」　（音楽）

葉の上に尾をもたげたカマキリ。クモ。稲の花が雨風に揺れる。　（溶暗）

五歳きりん組

秋　五歳児　稲の収穫

●ふくらんだ稲の穂。晴れた日
穂先に実がないものもある。かかしの立つ稲田。さわやかな秋の風。

稲穂の海に入り穂先を手にとってみる子どもたち
「ここ全部、すずめに食べられちゃってる」
「まゆちゃーん、食べられてる」「あーあ」

●室内。床に正座している子どもたち［五歳きりん組］

まゆちゃん（保育士）「ひろ君、もう一人、弟できたのね。まだ病院にいるんだよね、赤ちゃん生まれてすぐだからね」

男子「ひろ君、赤ちゃん、かわいかった」

「見てきた？赤ちゃんどうだった？」

「顔、まるまるでね、ひろ君の顔見たらちょっとびっくりしちゃった」

「生まれたての赤ちゃんて丸々なんだって。お猿さんみたいだった？」

友達口々に「きゃはは」「かわいそうだよ」

保育士「ひろ君のママに赤ちゃん見せてもらおうね」

子どもたちの眼が輝く。

友達「赤ちゃんて歯ないよ」「赤ちゃん、歯ないよ」

並んだ子どもたちの顔。顔。顔。皆輝いている。

保育士「ところで、今日は何する日？」

稲刈り

「運動会の練習！」「稲刈りー」

「そう、稲刈り。稲って一本一本切るんだっけ？」

「違う、まとめて」

「まとめて、鎌を引っ掛けて、かっかっかって切るんだよね」

鎌で稲を刈る動作をする子。

●園庭。稲刈りが始まった

N「稲刈りは三歳児から五歳児まで参加します。三歳児はハサミで稲刈り、四歳児、五歳児は鎌で稲刈り。経験を積んできた五歳児きりん組は自分たちでたいていの仕事はこなせます」

ハサミで数本の稲を切り取る三歳児。

保育士に手を添えられて鎌で刈る四歳児。

稲の中にすっぽりしゃがみ込み一人で鎌を使う五歳児。

手に力を込めて根本からざっくりと刈る、女の子。

男の子「ほー、このはちゃん、なかなかやるじゃん」


ハサミで一束切り取った三歳児。「すっごーい」と保育士にほめられ、うれしそう。一束を片手で掲げて、誇らしそうに運ぶ。


稲を刈った後の地面に虫を見つけ、歓声を上げる男の子たち。それを見る年長の男子。大きな稲束を担いだ姿がきまっている。

両手に稲束を抱えて運ぶ女子。稲穂がざわざわと音をたてる。

作業の分担が自然に始まった

手でしごいて脱穀

保育士の声「稲を刈るほうをずーっと楽しむ子、刈るのを一通り楽しんだら、今度は束ねるのを楽しむ子、……分業というか分担というか、まるでバケツリレーのようにやっている。こちらが何も言わなくてもやっていたから、びっくりしたというか感動した。こんなことまでできるようになったんだ、と」

女の子がひもで上手に稲を束ねる。それを男の子が支える。

背丈ほどある稲束を、背伸びして鉄棒にかける小さな女の子。

●耕うん機で田んぼを耕す男性保育士

周りで見守る子どもたち。機械は土塊をぶんぶんと放る。

N「この田んぼの土は粘土質で硬い。稲を刈った後は掘り起こし、今年は赤カブを植えます」

耕うん機の振動に子どもの手を触れさせる保育士。

ブルブルブルブルッ「わあー」喜ぶ男の子、女の子。

N「幼児にとって大切なのは体全体でものに触れ、においをかぎ、味わい、感じること。この時期に感覚を十分に発達させることです」

●ベランダに干した稲を下ろす

五歳児クラス、車座になって、手でしごいて脱穀する。

「プチプチプチーって」

「何がおもしれえんだか」「おもしれえよ！」

「足で踏むなよ！　食べものなんだから」のむさん怒る

いつのまにかファンタジーの世界

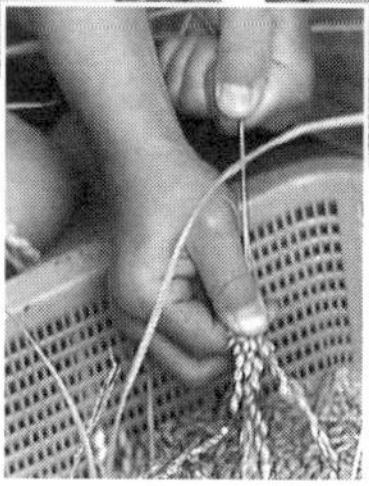

床いっぱいに広がった稲わらの中で、子どもの声。
「わらの世界に来たみたい」「お米の国に来たみたい」
両手でもみの手ざわりを確かめる女子。そっと押してみる。

わらの上で男の子と女の子。

男の子、体を丸めて「これ卵なんだよ」

「ガチョウだよ、ガチョウごっこ」

「二人で育てるんだよ、この卵！」男の子（卵）にかぶさる女の子。

目に障害のある子、保育士のひざに抱かれ稲穂の手ざわりを確かめる。

顔を上向け「アアー」という表情、大きく目を開く。

生米を味わう男子。一粒ちょっとかんでみる。笑顔。

またかんでみる。舌の上でころがす、不思議そうな顔。


わらを奪い合う男子二人。散乱したわらの上で引っ張り合っている。

突然、「踏むなよ！　みんな」のむさん（保育士）。

「歩くときは手でよけなさい。食べ物があるんだから」

散らばったもみを集める子どもたち。

N「保育士の野村さんは農家の出身です。子どものころ、わらの上で遊んで、おじいさんによく怒られていたそうです。野村さんは園庭を農家の庭先のようにしたいと思っています」

脱穀をする庭先。稲田の後に赤カブの葉がでてきた。

どこにピーナッツが隠れているか

秋　四歳児　落花生の収穫

●落花生畑に一列になって入って行く子どもたち［四歳うさぎ組］

「さあ、どこにピーナッツが隠れているか?」保育士の声。

体全体で落花生を引き抜く。

「うんとこしょ、どっこいしょ」「でかーい」

根には土を付けた落花生の実がいっぱい付いている。「すごーい」

保育士「ずーっと楽しみにしてきたので、思った以上に収穫ができたので、うれしいですね」
掘りあげた落花生を保育士に見せる女の子。
男子「どんなにおいだ?」
保育士「土のにおいがする」「ほんとだ、土のにおいがする」
土から取り出したばかりの落花生の実が生々しい。
保育士「びっくりしました。私知らなくて、（落花生は）木になると思っていた。一緒に学んだって感じ」

保育士、落花生を逆さにして見せる。

「こうやって干すと美味しくなります」

子どもたちどんどん積み上げていく。

落花生の山が自分の背を超えてしまい、はしゃぐ男の子。

保育士「私の育ったところはピーナッツ畑が広がっている場所で、中学校へ行くにもピーナッツ畑の間に道があって、毎日そこを通ってい

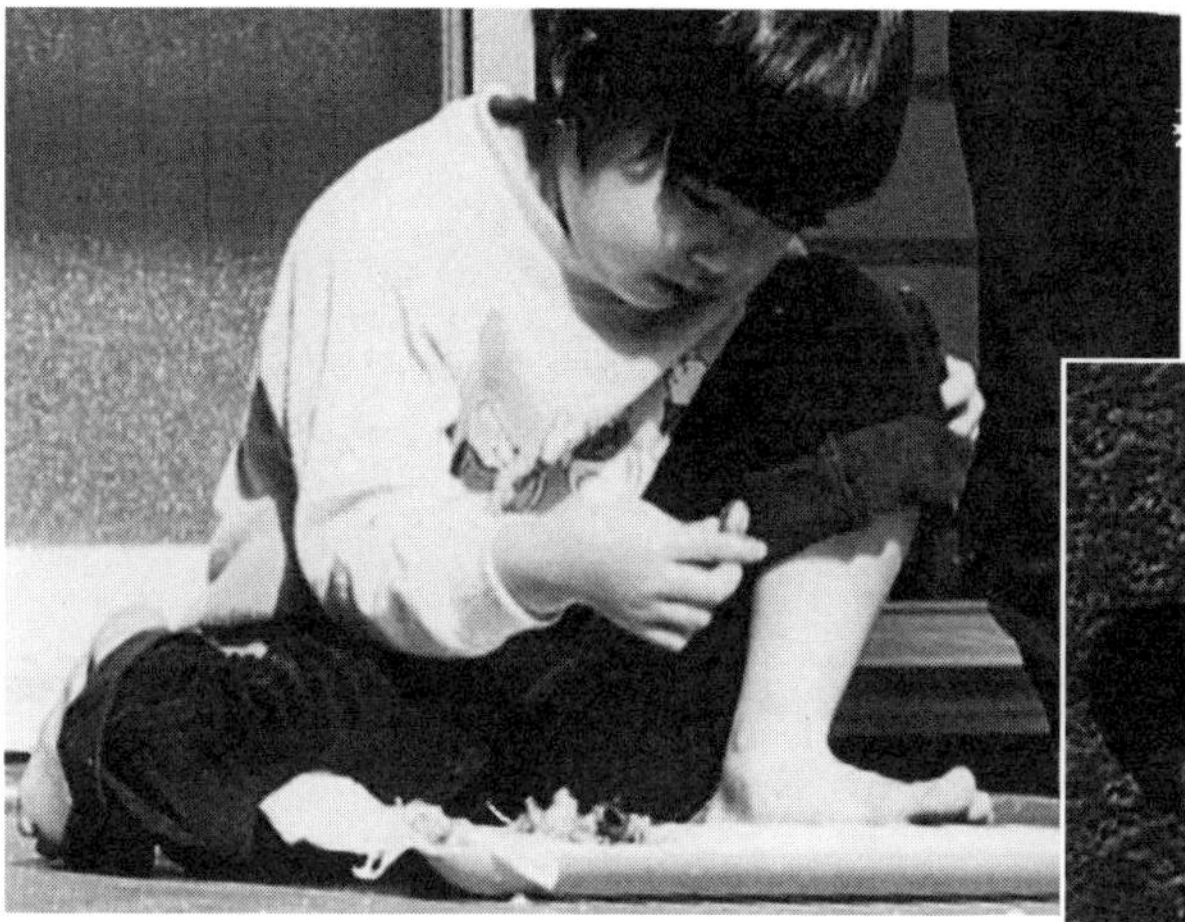

ピーナッツのにおいをかぐ

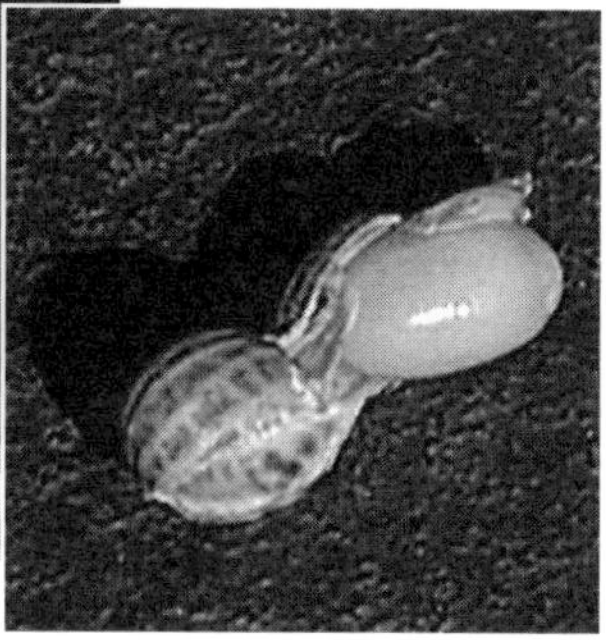

たんです。その思い出がすごくあって、子どもたちにもぜひ体験させてあげたいのでピーナッツをやってみたいなと思いました」

畑のなかでしゃがみ込み虫を探す男の子たち。

「なに？　これ」

「あ、ハチの巣、ここから、、、くらさんハチを取ったんだ」

「あ、クモーっ」「ナメクジまでもー」

●みんなで集まって落花生を食べる

N「収穫したばかりの落花生を、塩も入れずにただゆでるだけで少し食べてみました」

食べ終わった殻の山からまだ食べられる落花生を探す女子二人。

「ハサミムシ、いやだ」「あ、これだけいいよ」

女の子、半分かじって相手に渡す。それを受け取って口に入れる。

一人残って探し続ける女子。

保育士の声「ことちゃん、それ持ってきてね、一番最後の人」

一粒出てきた。皮をむいて口に入れる。殻を割ってみる。

虫食い跡のにおいをかいでみる。

満足して盆を持って退場。　（音楽）

N「子どもは全身で何かに向き合うことで自分の心をつくっていく」

これ根っこ。みんなのお口みたいなところだね

●高い秋の空

庭に干しあげた落花生を広げ、実を採っている子どもたち。たらいに入れるとコツンコツンと心地よい音がする。

N「四歳児のうさぎ組はまた来年もピーナッツを植えようと、みんなで計画しています」

秋　三歳児　大根を植える

●ベランダに並んで腰掛ける幼児たち［三歳りす組］

N「庭先に作物を植えるのは三歳からです」

保育士、ポットに植えた大根の苗を手にして、

「大根さんのおうち、ぎゅうぎゅう詰めになっちゃったね。これだと大根さん、大きくなれる?」

「なれなーい」

●畑の中、保育士の示す苗のポットに見入る三歳児たち

保育士「ねえ、大変。おうちの所から何か出てるよ。白いひげみたいの。これ何だと思う?」

子ども「あみ?」

保育士「これ　根っこ。ここから大根さんお水とか栄養とかとるの。みんなのお口みたいな所だね。根っこがいっぱいできてるのは元気な

ひろちゃんは一人で植えていた

植え終わると、さっさと遊びに行った

証拠。大きくなってる元気のいいのだけ植えましょう」
一人の女の子、考えて「元気じゃないのは？」
保育士「元気じゃないのは食べちゃう」「……」

女の子、保育士に手を添えられて苗を植える。
二人の手、柔らかそうな腐葉土。
苗を植える男子。植え終わると、さっさと遊びに行く。

畑の隅に一人残って植えている女子。
保育士、振り返り「ひろちゃんの畑かわいい！」

N「みんなが遊びに行った後も、ひろちゃんは一人で植えていた。これって、マイ畑ってとこでしょうか」

ひたすら苗を植える女子のふっくらした幼い手。

●大根の苗、うね

N「三歳りす組は初めて一人一人が自分の大根の苗を植えました」

●雨に打たれる柿の木
大根のうね。少し大きくなった本葉。

「どこに植えたかおぼえてる」三歳児

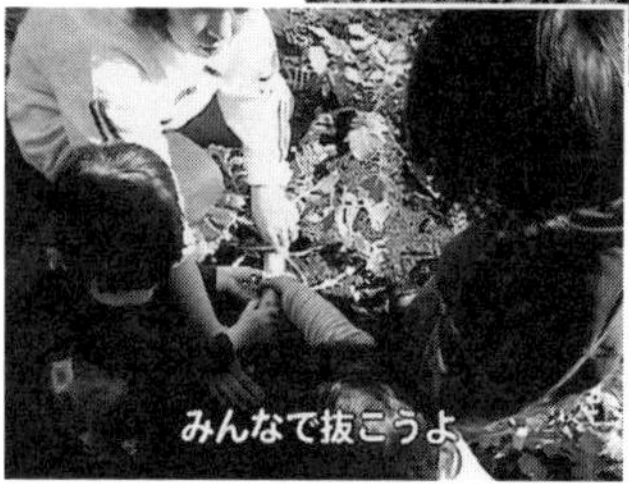

みんなで抜こうよ

（音楽）

N「大人には同じようなものに見えても、それではなくこれが光り輝いて見える。三歳はそういうことを感じ始める時期だと保育士さんは言います」

●一か月後の大根畑

保育士の声「やっぱりこれは自分が植えたものという、それが励みになっているみたいで、一生懸命水をあげたり、畑のなかに入って様子を見たり。友だちと大きさを比べたり育っていくのを比べたりとかいうのも子どもたちのなかで話が聞こえたので、ああ、そういうことも気が付いているんだなというのもわかってきました」

●二か月後。成長した大根、葉

うねの上にくねくね伸びる大根。

色づくイチョウの大木。晩秋。

●三か月後。冬の日を受ける大根畑

●四か月後。大根畑の前に一列に座る、三歳りす組の面々

子どもの声「おぼえてる」「おぼえてる」

保育士「あみちゃん、どれ植えた？」

自信満々に畑に入って自分の大根を示す女子。

「しんちゃんは　どれ植えた？」

「るいるい（るい君）は、どれだった？」

「それ、三人のだよ」「わかってる」

大根の味「……」

くねくね伸びた大根に近づき指さす男子。
子どもたち三人、一つの大きな大根を囲んで自分のだと譲らない。
保育士「待って待って、みんなで抜こうよ」
「るい……それ、るいが」泣き声の男子。
三人で大根を引き抜く。途中でポキッと折れる。わっと泣く男子。
その様子を見つめる友達。
女子「やったあ。大きいのとった」
保育士「それ、三人のだよ」

保育士「るいるい、こっちにもあるんだよ」
隣の大根を示すが、泣きやまない。
ベランダに腰掛けた二人。女の子が大根を持っている。
男子「それ、三人のだよ」
女子「わかってる」
男子「うわーーん」

畑の中では別の子どもたち。
「ひろちゃん、もう一個どこかに植えなかったっけ?」保育士の声。
マイ畑を忘れているらしい女子。小さい大根を引き抜いてニコニコしている。
子どもたち、たらいで大根を洗う。
曲がりくねった大根。二又三又に分かれた大根。
様々な形の大根たちが並べられる。

「さあ、これどうやって食べる?」保育士。

「切って焼いて食べたい」

生の大根をかじる男子、神妙な顔。

太い大きな大根を丸かじりする女子。

「しょっぱい!」みんな生で食べ始める。

保育士の声「からい!」「辛いけど甘い」

辛さに足踏みする女の子たち。


さっき泣いていた男子、大根を手にうれしそう。

一口かじってみて複雑な顔。

もう一人の女子「からーい。やめる」泣き顔。

保育士、割った大根の首の方を示して、

「ここ食べてごらん、こっち側。味が違うかもしれないよ」

小さな男子「あ、あまい」


築山に登って大根をかじる子どもたち。

大根を握ってサッカーする男子二人。ボールを蹴る。

傍でブロッコリーが光に映える。


(暗転)

「あ、クモーっ」ピーナッツ畑で

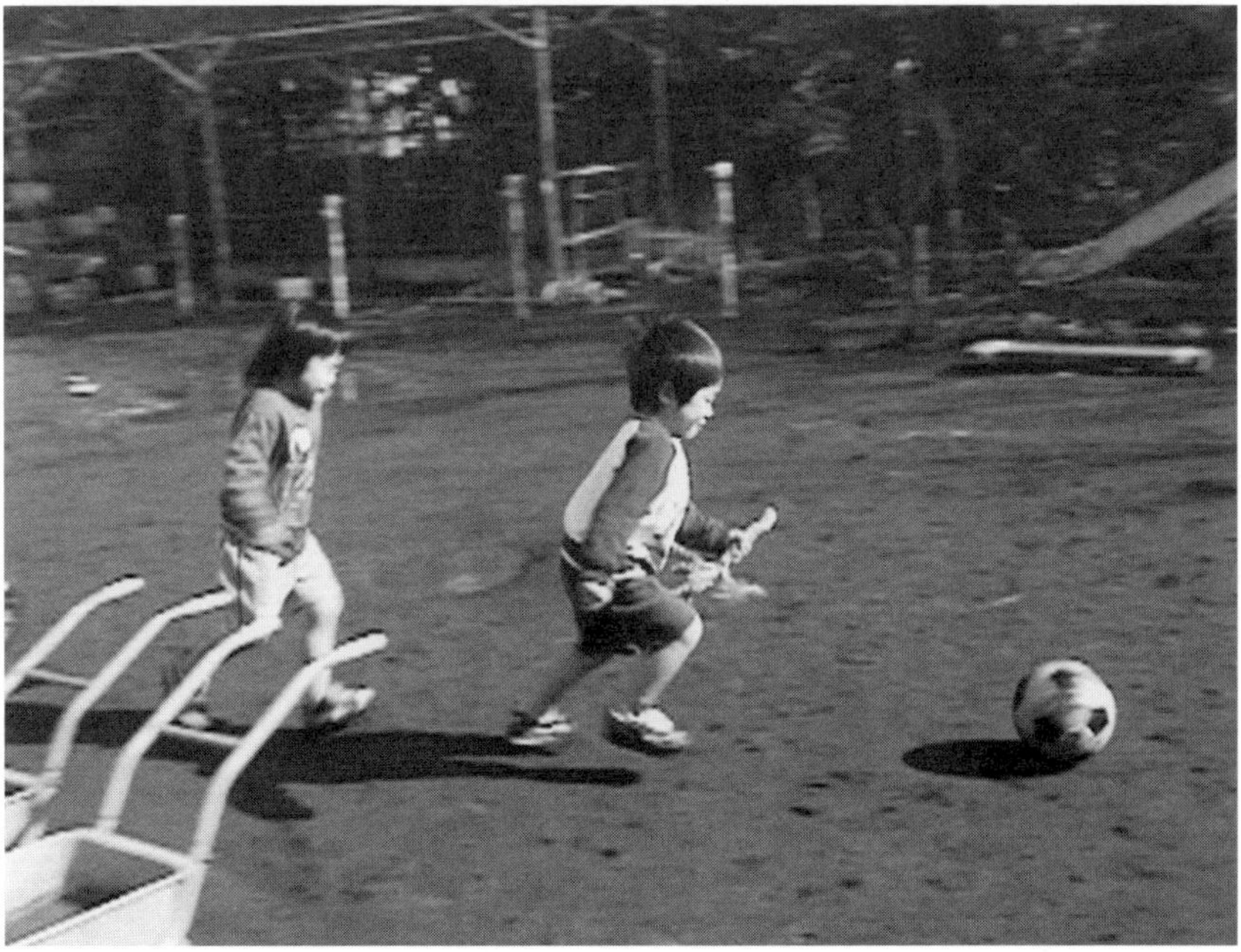

大根を持ってサッカー

♪線路はつづくよ…… 0歳児

散歩路で

0歳児

●民家の脇道を散歩する乳児［0歳ひよこ組］

保育士と乳児、草木の前にしゃがみ込み、

「お花さんもいい子いい子だよ。いい子ねえ」

●広場で遊ぶ0歳児たち

N「畑を作るのは三歳からですが、食農保育は実は0歳から始まっている、と園長は言います」

「♪線路はつづくよどこまでも……♪」

一列になって歩くことを遊ぶ0歳児たち。

かご車を押して歩く子どもと保育士。

N「大ベテランの保健師、渡辺さん。散歩コースに実る果物がいつ食べ頃か、よく知っています」

かご車に乗って移動する子どもたち、夏ミカンの木の前で止まる。

「ほら、見て。まんまだよ」木になっている夏ミカンを指さして、

「婆ちゃんにとってほしい人？」

先が二又になっている長いさおでミカンを落とす。

夏ミカンをじっと見る

みんなで夏ミカンを食べる

大きな大きな夏ミカン。

固い皮がむかれていくのをじっと見つめる0歳児。

「ほら、出て来た、出て来た、だよう」

0歳児、ミカンの房を持って食べる。

「フーちゃんたら、大きい方がいいんだって」

「よくばりフーちゃん」

酸っぱくて、ぶるぶるっと身震いする子。

酸っぱくて、涙を浮かべながらミカンを食べる子どもたち。

「おお、目覚めますねえ」

「ほんと、体の中からパーッと活性化するって感じ」

もっと、もっとと手を伸ばす子どもたち。

後ろは団地の建物。暖かい陽射しに風がさわやかだ。

五歳児

伝え合うもの

●晩秋の陽射しが柔らかい園庭。わらを準備する大人たちと子ども

N「もみをとった後のわらも大切に使います」

水に浸したわら。わらを打つ年長組の子どもたち。［五歳きりん組］
右手と左手を器用に使い分けている。

足の指にわらを挟んで、なう男子。
年輩の女性、わらをなう。

（音楽）

N「用務員の内田さんは今日は縄作りの先生です。二月の味噌作り、六月の梅干し作り、若い保育士もこのときはみんな生徒です。保育園で働く事務の人、調理師さん、パートの人たちが先生です。食べ物を作ることを通して保育の場にいろいろな大人たちが集まってきます」

できあがった長い縄を手にする子どもたち。

兄姉たちをまねてわらをなう年中組の男女。［四歳うさぎ組］

わらを挟む幼児の足。

（音楽）

子どもは子どもからも学ぶ

四歳児

女子、足を広げ、全身でバランスをとっている。

男子の真剣な顔、手、足。縄の形はでたらめだけど。

できあがった縄を保育士に差し出す女子。

「ゆきのちゃん、できた」

「ありがとう。じょうず、じょうず」


かごに乗った0歳児が帰ってくる。


兄姉たちの仕事をじっとみる0歳児たち。

目の前で四歳児たちが縄作り。

N「子どもは子どもからも学ぶ」
もう一つ、かごが帰ってくる、犬のナツも一緒に。

「あら、帰ってきた。お帰り」

「ナツ、お帰り」

0歳児から五歳児まで園庭は子どもたちでいっぱいだ。

園庭に、わらを打つ音が響く。

かご車から身を乗り出して兄姉たちを見つめる一歳児。

四歳児

ドライヤーでもみ殻を吹きとばす

干し柿をつくる

丸くなって正座をする子どもたちの背中。
真ん中で柿むきをする子どもと保育士。
保育士に手を添えられてナイフで柿をむく女子。
ナイフの刃先が陽光できらっと光る。

軒に縄で柿をつるす若い男性保育士。
柿が一つ落ちる。「あ、落ちた」子ども。

用務員の内田さんが、柿のつるし方を教える。
「両端で止めないと落ちてしまう。
……もっと早く言っておけばよかった。ごめんごめん」
「ああそうか、ＯＫ！」
柿をつるし直す保育士たちに秋の陽射し。
園庭、ベランダに干し柿（農家の庭先のように）。

●うすときねを使いもみすりをする子どもたち
もみ殻はドライヤーで吹き飛ばす。だんだんもみが取れていく。
男性保育士「すぐには芽吹かないと思うんですよね。子どもたちの心の中にゆっくりと沈んで堆積していくだろうと。大きくなったときにまた外からいろいろな刺激がそこに加わって、熟成したものがさらに混ぜ合わされてこなれて、初めて今の体験というものが生きていくんだろうと思うんですね」

うすのなかで玄米ができてくる。

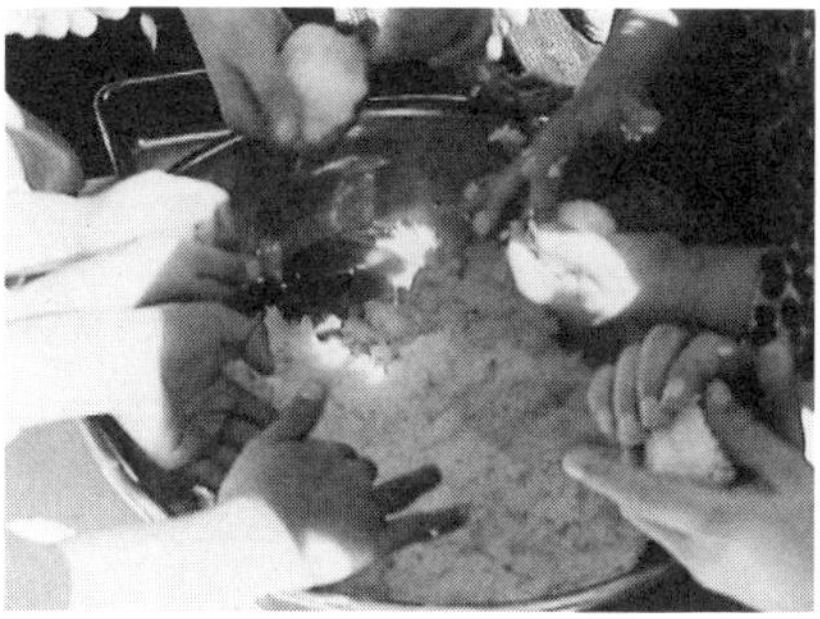

炊きたてのご飯をみんなで

●晴れた冬の日

園庭に子どもたちと保育士、白煙が上がっている。

N「四月に種もみから芽が出、半年でたくさんのお米ができました。みんなで育てたお米を、今日みんなで食べる。保育園の米作り、五年目の春です」

まきをくべながら、大釜をみんなで囲む。

どんなものだろうかと、保育士たちが言葉を交わす。

「あとは、チョロチョロと……」

あぶくを出す釜のふた。

かごに乗った0歳児が散歩から帰ってくる。

釜のふたを取る「いくぞ！」

「よん、さん、にい、いち、ぜろ、わーっ」

湯気を上げるご飯、期待して見入る子どもたち。

「うわっ、おいしそうだね」

ボールに取り分けられた真っ白いご飯。

おにぎりを握る子どもたちの手、保育士の手。

大きなおにぎりをほおばる子。

女の子、握ったおにぎりを保育士に差し出す。

「わーい、はるかちゃんに作ってもらっちゃった。丸のような三角のようーな。おいしい！　はるかちゃんの味がする」

（音楽）

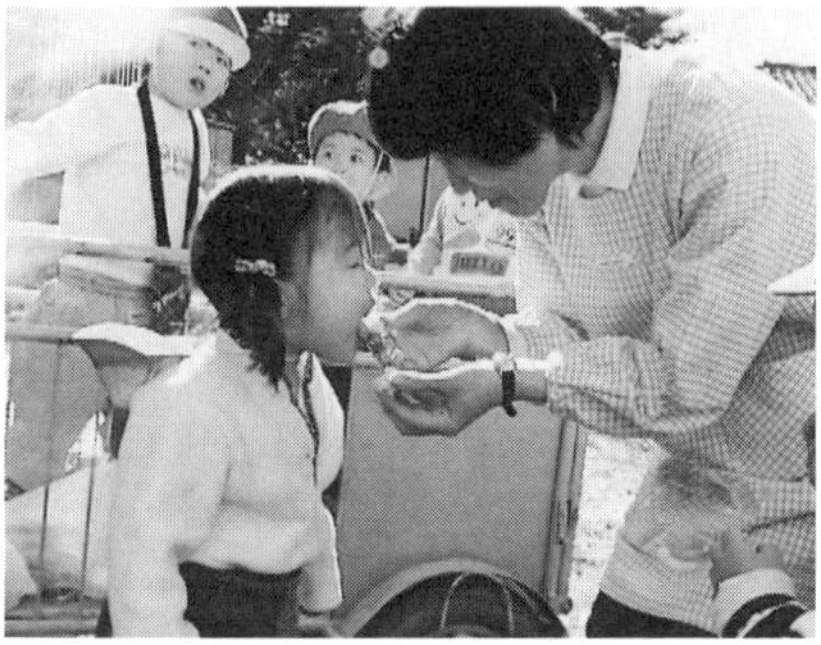

手にいっぱいご飯粒を付けた子ども。柔らかい光に照らされる。

「うめえ!」「おいしい!」

乳児たちも保育士の手から食べさせてもらう。

年長の女の子、どうぞと、車椅子の子に手渡す。

口に入れ、足をぱたぱたさせて「おいしい」


大人も子どももみんな集まってくる。

祭りのようなにぎやかな園庭。


釜にこびり付いたご飯粒をスプーンでさらって食べる。

その背後で、

「いっぱい食べて、おいしかった!」と声が聞こえる。


子どもたちが歩き回る、足もとに田んぼの土。

(暗転)

エンディング

子どもと音楽家の歌声が重なる。
(お米ができればご飯がおいしい)
ほーほほ、ほーほほ、ほっほっほっ
さくさくさくさっくりこ

クレジットの背景に文字が見える。

スイカが熟れすぎて食べられる状態ではなかったが……

「ダメだ」と言うのではなく子どもにも確かめさせるべき……

大根の植え方は大間違い（種を植え芽が出てきたときうろ抜く）。

稲の中に入れれば稲の世界が広がっている……

私が小さいころ基地をつくったこと……落ち葉のじゅうたんで寝たこと……今でもはっきり覚えています
……公設民営で六年目の苦労が……

映像で見ると……ドラマ化されたよう……残していくことの大切さを……保育園の活動は原点に戻っている……

等々の文字。

（映像を見た第八保育園保育士の感想の一部）

二〇〇三年製作
構成・編集　大木有子・小林茂樹
企画　「たべる たがやす そだてる はぐくむ」製作委員会
撮影・ナレーション　小林茂樹
音楽　永縄眞百合
監修　倉田　新・野村明洋
製作　小林大木企画©２００３
http://www.taberu-ta.com

2 カメラを通して見た子どもたち

(1) 保育園という所

保育園の中に入っていくというのは、その年齢の子どもがいない大人にとってはなかなか経験できないことだ。私たちにとっては自分の子ども時代以来のことだった。でも、保育園に行くことにはとても興味があった。自分の記憶の源に降りていくような期待。

人は、いつ頃からどんなふうに自分を取り巻く世界に触れていくのだろう。どんなふうにいろいろな感覚を身につけていくのだろう。いつ頃から、どのように、他人との関係を感じ、自分を作っていくのだろう。記憶の中で見ていた自分の子ども時代に、出会えるかもしれない。

初めて第八保育園を訪ねたとき、子どもたちが泥んこになって遊んだ後らしく、水場に集まって体を洗ってもらっている場面に出くわした。男の子も女の子も素っ裸になって、きゃあきゃあいいながら集まっている。実に元気だ。相手が子どもとはいえ他人の裸など見たことのない私は、えっとたじろぎ、裸の集団の放つパワーに圧倒された。これが保育園というところか、と。みんな思いっきり大声でしゃべり合っている。一列に並んで統制をとって、などということはない。

第八保育園では、裸もしくはパンツ一丁が子どもの基本形という感じだった。私の保育園時代に比べると、ずっと開放的だと感じた。それはいろんな場面に表れる。私はたぶん「おしっこ」と大人に言えず、よくお漏らしをして建物の奥の方の暗い廊下で保母さんにパンツを履き替えさせてもらった記憶が、それこそ「原風景」としてある。友人も保育園時代というとお漏らしをして恥ずかしかった記憶が鮮明にあるという。第八保育園の子どもたちを見ていると、「パンツぬらしちゃった」と、さっさと自分で新しいパンツを出して履き替えている。まったく当たり前で後ろ暗さがない。クラスと扉一つでつながっているトイレに行くにも、何の屈託もない。うらやましい。

裸にはすぐに慣れっこになったが、子どもたちの大声・喧噪に取り巻かれると、撮影に際しての冷静な判断力などというものを働かせるのは難しかった。子どもたちが放つ磁場からいったん離れて頭を冷やしてまた戻る、ということがたびたびだった。

さて、子どもたちは元気で生き生きとしていてかわいい。けれど、しばらくの間、園に通って子どもに接していると、かわいいだけではない子どものいろいろな表情が見えてくる。どの子も生きていくために必死である、大人たちの中にあって自分の生きる場を必死に探っているのだと感じる。

映画の初めの方、泥田をこねている場面で「遊んじゃだめだよ」と言う女の子の声が聞こえる。いっちょまえに働こうっていうのかい、とおかしくて客席から笑いが漏れる。が、ある人は五歳にしてもう自己規制をして大人の代弁をしている子どもの言葉、と受け止めた。確かに子どもが大人におもねるようなことを言うのを聞くことは他の場でもあった。例えばみんなでお店屋さんごっこをする、何屋さんにしようかと子どもたちで話し合っているときに大人（保育士）が望んでいるらしい事柄を察知して「私はこれをしたい」と言う。（それは大人の側の失敗でもあるのだが）子どもにしてみると、大人を困らせたくない、そうして自分を受け入れてほしい、という気持ちが働いているのかもしれない。子どものお母さんが子育てを苦しいと感じるような状況にあるらしいと知ると、その子が自分の生きる場所を得ようと必死に頭を働かせているのだと理解できる。泥田の中ではやがて、「遊んじゃだめだよ」の言葉も忘れて、全身で遊びに興じる姿を見て安心するのだが。

それぞれの子どもたちの家庭事情についてはプライバシーに関わることなので、保育園からは具体的な情報は知らされなかった。けれど子どもを見ていると、何かを負っていることに気付かざるを得ない。

保育園は子どもを相手にしているようでいて、実は親たちを相手にしている仕事場なんですよ、と園長たちは言う。園長も保育士も親たちの生活の変化の激しさに心を悩ませていた。それは子どもにはね返る。今の時代、若い親たちが安定した生活を得るのは精神的にも時間的にも経済的にも難しいのは想像できる。離婚、失業、移転、病気。子どもは過酷な中を生きている。

「月曜日のうんち」という話を0歳児の担当保育士たちから聞いた。月曜日の朝、オムツを替えるとき最初のうんちを見ると、その子が土曜日曜に何を食べていたか、どんな生活をしていたかが見てとれる。「あらあら、こんなものしか食べさせてもらえなかったの」というようなケースもあるという。「月曜日の子どもたちはどの年齢の子も全体に疲れている」とも聞いた。週末にここぞとばかり親たちが遊ぶので、それにつきあわされて子どもの生活リズムが壊れるのだという。週の半ばになってようやく回復するが、土日がくるとまた壊れる。保育園というのは大切だなあと、つくづく思う。保育園も学校も、成長の段階にある子どもたちを個々の家庭から解放するところに意義があると、私は感じる。そこでは子どもを中心にものごとが進められていく。そうでなければならない。

第八保育園の園庭には、子どもが心ゆくまで何かをしている、その中でゆっくり回復していくことのできる時間と空間があった。

（大木有子）

(2) カメラの前の子どもたち

「カメラを意識しない自然な姿がよく撮れている」と言われる。ある人はカメラマンを「空気のような存在」と言う。実際はどうだろうか。

三、四歳くらいになるとマイクやカメラに興味を持つ子が出てくる。撮影が終わった後一息入れていると子どもたちが寄ってきて、マイクをほおばるような口をして「わー」と大きな声を出す。あわててイアホンをはずす。ファインダーをのぞかせてほしいとついてくる。ちょっとのぞかせると「ぼくも」「わたしも」と終わらない。メインカメラはさわらせないが小さなサブカメラはあきらめた。

子どもは大人の仕事に関心があるのだ。気を緩めれば寄ってくるが、それでもこちらが子どもたちの姿にひかれて集中して撮影しているときは、そのようなことは記憶にない。でも編集のとき、映像をチェックしてみると、撮影に関心があって、あえて画面を横切ったりする子を発見する。

園庭で、初めて園児に「ねえ何してるの」と聞かれたとき、言葉に詰まってしまった。その後も何人もの子どもから聞かれる。「みんなを撮影しているの」「さつえい?」「仕事をしているの」「しごと?」。撮影のとき、撮ったものがどのようなかたちに仕上がるか、今一つ見えないときは、答えるのに本当に困った。

ある日、活発でみんなの遊びの中心となっている年長組五歳児が、私たちに気付きやはり「何してるの」と聞く。「みんなの映画を撮っているの」「――ふうん」納得した様子で去っていった。映画というものが何か理解したのかはわからない。いつの日のころからか、私たちは「カメラマーン」という名で呼ばれるようになっていた。


子どもたちは自分を見つめられることが好きだ。私はカメラを持っていなくても撮っている気持ちでジッと子どもを見つめることがある。「健康体操」の時間、初めて会う二歳児三歳児を、「架空のカメラ」で撮影していると、子どもが明らかに元気よくなっていくのがわかる。くるくると回転するマット運動。「どう、上手?」聞こえない言葉を返された。

大人とは違い子どもたちは思い思いに言葉を発し動き回る。右から左から後ろから。地面から一メートルくらいまでの飛び交う視線と言葉の応酬。いちいちそれに対応していては体が持たない。しかしそれが実に魅力的なのだ。子どもたちの動きに慣れてくると、私が子どもを撮影しているのか、子どものエネルギーによって動かされているのかわからない状態のときもあった。カメラマーン至福のときである。

それでも、ときに子どもから「見ないで」というメッセージを送られることがある。そんなときは反射的にカメラのシャッターを閉じて、体は固まってしまう。一刻も早くこの場から立ち去りたいと思うことも何回かあった。それは言葉を発するというより子どもの目つきとか態度から感じたことなので、あるいは思い過ごしのときもあるかもしれない。でも子どもの意志に反して撮影したものがないとは言い切れない。

私は高校生を撮影する機会が多い。急にカメラを向けたとき高校生たちはピースサインをしたりポーズを取ったり、素の顔を出さないように演技することがある。でも幼児の場合はどうしたらいいのか。その子が将来自分の映像を見たときどう感じるんだろう。観る人にとっての素晴らしい映像も、面白いカットも本人にとっては別の意味を持つことがある。誰にも家族のみんながよいと言う写真のなかに、これは嫌いだと思うものが一枚や二枚はあるのではないか。

午前中の収録を終えて、園児は三時までお昼寝の時間。私たちは時間の許す限り園庭にいた。作物を観察したり、成長を撮影したりという仕事もするが、ぼーっと園庭のベンチにたたずんでいることも多い。

午前中の喧噪とは違い、お昼寝の時間はじつに静かだ。日だまりの中でチャボもウサギも子どもたちから解放されてのびのびとしている。あらためてここは街のなかの守られている空間だな、ここにはたくさんの「生き物の時間」が流れているんだなと思う。仕事で日々追われる生活の中で、今この園庭で休んでいる自分を感じる。

子どもたちがお昼寝から起きて遊びだす。いくつもの遊びの輪が広がる。私たちの子ども時代と同じ遊びもしていておもしろいな。子どもの遊びは子どもから子どもへと伝わっていくのだろうか。そんなことを考えているときでも、ふと気になるのはみんなの輪に入らずぽつんと園庭の隅で一人で遊んでいる子だ。そういう子がいつのまにかぼーとしている私の横にいて袖を引いたりする。「何してるの」。

園庭は狭い。映像ではレンズの焦点距離によって実際の感覚より広く見えるかもしれない。狭い園庭に畑やら木が植えてあって余計に狭く感じる。そこに子どもたちが遊び出すと空間が広くなる感じがする。周囲の植木の狭い所を三輪車で走り回る、するとそこに空間ができる。子どもは空間をつくり出す名人なのだ。発砲スチロールの鉢植えをひっくり返してミミズを見ている男の子。小高い木の赤い実を落とし地面でなにやら液体を作っている女の子、午前中とはまた違った豊かな空間があることをカメラマンは子どもたちから知らされる。（小林茂樹）

（3）遊びか労働か

撮影を続けながら、私にはいつも疑問があった。例えば、三歳の子どもに大根を植えさせることに、どんな意味があるのだろう？　大人たちは子どもに伝えたいものがあるのかもしれないが、まだ半分「あちらの世界」にいるような未分化・未文化な子どもたちは、大人の思惑とは全然別な受け止め方をしているのではないか？　かなり懐疑的でもあった。「一つ一つの作業を子どもはどう受け止め、何を体験しているのだろう。大人の期待、プログラムとは独立した視点で観察すること」と当時の制作ノートにある。

言葉にして意味付け、体系付けていくときに抜け落ちてしまうもの、そこに視点を向けることが映像の持つ意味だ。子どもをじっと見ること。保育者の目でもなく、親の目でもなく。これが私たちのスタンスだ。

子どもの労働は遊びでもある。(『農業図絵』(享保2〈1717〉年)の草刈りの図。農文協刊「日本農書全集」第26巻『農業図絵』より)

ところで野菜作りや米作りは単なる遊びではない。例えば田植えは、真剣な行為であって、遊具を使った遊びやおままごととは全然違う。では子どもたちにとって、これは「労働」なのだろうか? 子どもの田植えを見ていると、労働と遊びの境界がはっきり分かれていないように見える。古い絵巻物などに大人たちに混じって働きながら遊んでいる子どもの姿がよく描かれているが、子どもたちの米作りを見ていると、そういうことへの想像力が喚起される。

第八保育園の子どもたちにとっては、何か成果を生むために身体の動かし方を体得したり、本物の道具を使って大人のやっていることを一人前にやってみることは、子どもの遊びとは違った面白さがあるだろう。でも、当番表を見て「あーあ、今日は○○当番だ」なんて言う声も聞かれる。

子どもたちに梅干作りや味噌作りを教えていた持田さん（当時は事務職員で現副園長）は、「子どもにとってはすべてが遊びでいいと思うの。保育園の大人たちが食べものを作ることが大事なんです。お母さんの背中に負ぶわれて見るように、食べ物を作っているところを子どもが見ることが大事。ほら、日本でも昔はそうだし、今も多くの国ではそうでしょう」と言われた。

もちろん、ここでいう「労働」とは、大人のそれではない。保育園では、労働によってつくられるモノに価値をおくのではなく、それを作る人間、子どもたちのほうに関心がある。だから三歳児の、植え方を間違えてくねくねと曲がった大根ばかりでも、それはそれでよいのだ。「これ根っこ。みんなのお口みたいだね」と言われ、目を釘付けにする子どもたち。そこに重きがある。

しかし稲刈りは「稲刈りごっこ」ではない。五歳児の持つ鎌は十分に切れる。「遊び」とはいえない。あるいは脱穀作業。「おもしろいや」とプチプチ指で稲をしごく。「お米の国に来たみたい」子どもたちはいつの間にか稲の世界に戯れていく。稲の感触に包まれ「この卵、二人で育てるんだよ」とガチョウごっこが始まる。稲わらを引っ張り合う。と突然「足で踏むなよ！　稲を。食べるものなんだから」のむさん（野村さん）の怒りの声が飛ぶ。彼自身がおじいさんに怒られた過去のシーンが再現される。「労働」と遊びが交差する瞬間に私たちは出会う。

子どもにとっての「遊び」と「労働」。「食農保育」が投げかける大きな問いである。

（大木有子・小林茂樹）

（４）子どもの感覚を育む――食農保育という環境

最初に会ったころ倉田園長は、子どもや保育に対する社会の無理解に対していつも怒っていた。当時彼は第八保育園の中で「インクルージョン保育」「食農保育」「ファンタジー保育」という三つの柱を掲げて保育実践を進めており、「子どもが育つのに必要なもの」を熱を込めて語った。私たちはその中でまず「食農保育」の映画を作ろうと提案した。

「乳幼児期は感覚を養う時期、神経を発達させる時期だ」という言葉に私は感応した。それは映画作りの根幹に触れたのだ。「食農保育」の中にそれは表れてくるのではないか、と思った。

私たちは「子どもの感覚」にどのように触れていけるだろうか、と考えた。ともかくカメラの目線を低くして、子どもをじっと見て、子どもの側に寄り添うことにした。

＊

「ワニ、ワニ、ワニ」と泥水を泳ぐ幼女。イモリのような子どもたちの皮ふ。一粒の生米を舌の先で転がし、味を確かめる男の子。「ピーナッツ、どんなにおいだ?」「土のにおいがする」「ほんとだ、土のにおいがする」

ヒトの五感は脊椎《せきつい》動物の食と性の営みの中で生まれた。つまり動物が他の動物を食べるために、または食べられないように視覚や聴覚、臭覚、味覚、触覚などの感覚を研ぎ澄ましてきた。幼児の感覚形成のメカニズムは、生命の歴史のはるかかなた、脊《せき》椎《つい》動物に起源を持つ。脊椎《せきつい》動物は五億年前、遊泳性のホヤの幼生の一部が、岩に定着して植物のような形にならずに、泳いでいる姿のまま成熟したのが始まりといわれる。よって五億年位前に五感の形成が始まったといえないか（高校の生物の教科書や副読本などがあれば、ぜひ目鼻口がある顔をもっていて前後左右がある、ヒトにつながる動物に進化する。手にとって見てほしい*）。

食べる——つまり「消化吸収の起源」は、もっと時間をさかのぼる。三八億年前、アミノ酸で満たされていた海に最初の生物が生まれた。十億年位たってその「アミノ酸のスープ」を食べつくし枯渇したとき、原生生物は危機に直面し二つの道を選んだ。すなわち一方は自ら栄養物をつくる方向に進んだ。そして他方は他の生物を食べることで生き延びる方法を選んだ。植物と動物への進化への始まりだ。その後ミトコンドリアや葉緑体などが他の生物の中に入り

＊三木成夫『胎児の世界』中公新書、池田清彦『新しい生物学の教科書』新潮社、山内昭雄・鮎川武二『感覚の地図帳』講談社、鈴木孝仁監修『視覚でとらえるフォトサイエンス生物図録』数研出版等を参考にした。同じ原索動物のナメクジウオを脊椎動物の祖先型とする説もある。

込み共生することでより高次の機能をもった生物が生まれた。驚いたことに地球上のすべての植物も動物も、細胞の中に共生したこのミトコンドリアがエネルギーを生産しているのだ。つまりすべての多細胞生物は、生命活動の根幹部分では共通だということ。地球上の生物はつながっていることを意味する。

ヒトの腸内には様々な細菌が生息し消化吸収に関わっている。乳酸菌や大腸菌は太古の生物（原核生物）である。腸内の消化吸収のメカニズムは、何十億年まえの生物の食の営みと深いつながりを持っているのではないか。ヒトという一個の存在は、細菌などの多くの生物によって生かされている。食べるという行為も長い生命の歴史の中で考えることはできないだろうか。

冷たい大気に赤いほほをさらした0歳児、すっぱいミカンに涙を浮かべながらも、「もっと、もっと」と手を伸ばす。0歳児もまた「生命の大きな時間」を生きている。

「胎児の成長は、動物の進化をたどる」と言われる。

ヒトは最初一二時間の単細胞生物の時間を経た後、細胞分裂し、クラゲやカイチュウ、ミミズ、ウニ、ホヤなどの幼生時代と似た形に次々と変化し、母親の胎内で脊椎《せきつい》動物として骨格を整える。体には連綿と続く太古からの海の記憶のこん跡があるのだろうか。

個体においても、脳・神経はそもそも体の外側（外肺葉）だつた。その外肺葉の一部が内側にくびれ、神経を作り体内に伸びていってその先端が脳（中枢神経）となった。反対側の神経の末端に目や鼻・耳・皮ふ（感覚器）ができた。感覚は生物の外側と内側の接点になる。だからこそ動物は外界から刺激を受け、環境を知り、外に働きかける存在なのだ。感覚を養うとは個体が生きるために、外界に働きかけ、体にその体験を記憶を刻み込むことではないだろうか。

泥のヌルヌルを全身で味わう。ピーナッツのにおいと味と形を心ゆくまで堪能する。

「子どもは何かに集中することで自分の心をつくっていく」

＊

幼児は農体験によってどのような感覚を育まれ、生きる力になっていくのだろうか。

土を耕すことで、大地と一体となった自分の存在を感じる。

植物の成長する時間に触れることで、季節を体でゆたかに感じ、自然を様々な感覚でとらえる。それは生物としてのヒトの土台になっていく。

白くて硬い園庭を「ガッガッと」掘りおこすことで始まった食農保育。子どもたちの体で土と水をぐちゃぐちゃにまぜ田んぼを耕した。

しかし園庭の外では、子どもが育つ環境は、ますます厳しくなっている。

（小林茂樹）

(5) 子どもを撮ること

映画を見た人から「子どものために原風景を映像で記録しておいてやった方がいいでしょうか」と聞かれたことがある。撮ること、特に子どもを撮ることについて、考えてみたい。

私たちはこの映画を撮るとき、大人へのインタビューを除いては、撮影のために何かをしてもらうということはしなかった。けれどもドキュメンタリーだからありのままの現実だと受け止められると、それはちょっと違う。カメラを向けるのも一つの選択、編集の段階では映像と音声についてさらに多くの選択をし、時間も選択されていく。

例えば、手で稲の脱穀をしているときに、生米を味わっている一人の男の子。彼の周りは作業したり遊んだりわらを奪い合ったりする子どもたちの喧噪に満ちている。しかし画面では顔のアップにつれて静かになっていく。編集で音量を小さくしている。彼の世界と観客をつなげるために周囲の喧噪は不要だからだ。集中している彼の耳にもおそらく周囲の音は聞こえていないだろう。

作品になっていくとき、それは実時間から離れ、現実でありながらも非現実なもう一つの世界になっていく。

映像は、圧倒的なリアリティーがある。しかしそれゆえに、映像は常に虚構性（フィクション性）を持っている。映像作品には作り手の問いや、意図が込められる。作り手は意識的だが、受け手は無防備だ。誰もが映像の作り手にもなり得る今日、私たちは作り手としても受け手としても、映像の持つ二面性に自覚的でありたいと思う。それは、商業的あるいは政治的意図を持った映像情報に取り巻かれた現代を生きていくための必須の「技術」でもある。

選択という点で言えば、この映画の場合は、まだ自立していない子どもたちを映しているために、編集、公表の段階で特に慎重に選択した。作者としては、気になる子どものある部分にもっと光を当てて見てみたいし、それを表したいという気持ちを抱くこともあった。しかし、映画としてそれが外に出た後、そのことが本人にどう影響していくのか、その後の子どもたち

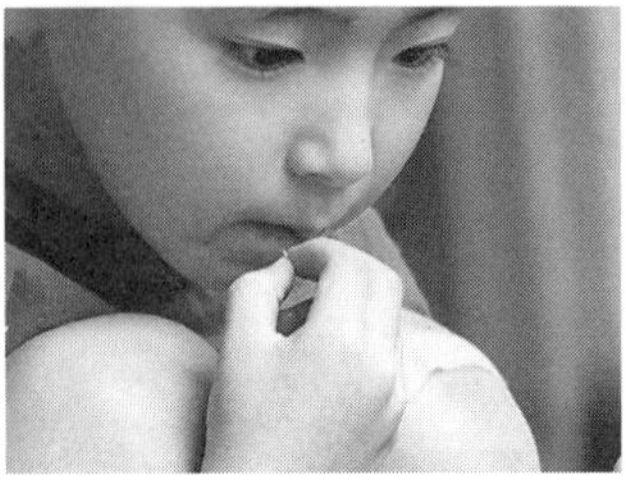

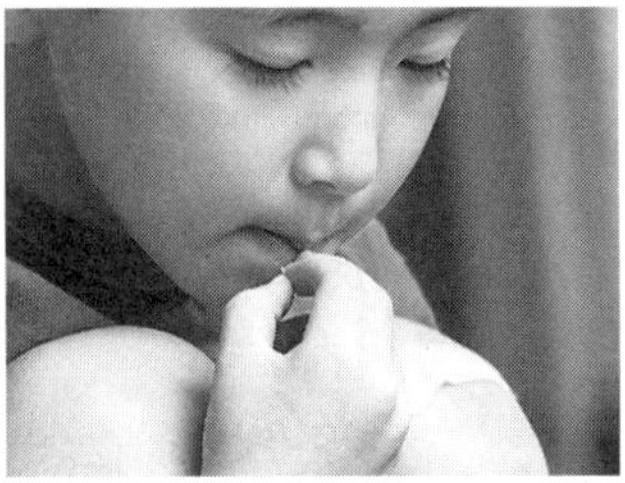

に責任をもって関われない以上、その場面は使わないと判断した。

ここに映された映像は撮られた子どものためのものではない。カメラを回している私たちも含めて、それを観て感じ考える大人たちのための映像である。親たちが子どもを撮るのも、やっぱり親自身のためではないかと思う。（人が小さいときからビデオや写真に撮られ続ける、そして時に公開される、それはその人の人間形成にどう影響するのだろうか。これも考えていかなければならない大きな問いである。）

映されている映像はこの子たちの「原風景」だろうか。否。「原風景」は子ども自身の中でしか成り立たない。どのような光景が心に刻まれるかは本人にしか解らない。親であっても、「原風景」そのものを作ってやることはできない。撮ってやることももちろんできない。ただ、このように撮られ映されたから、その子の脳裏に強く残る風景となることはあるのかもしれない。子どもを撮る親たちと同じように、私たちもこれらの映像が、子どもたち自身のためのものになってほしい、と心の底で願っている。

いずれにせよ、大人はよりよい環境をと準備してやれるだけである。いつか子どもの力になるようにと願って。

（大木有子・小林茂樹）

3 園庭をガッガッと掘り起こした

――園庭を変えることは保育内容が変わること

東村山市立第八保育園の成り立ち

映画の舞台となっている東村山市立第八保育園は、戦時託児所として一九四三（昭和一八）年に設立された。戦後、児童福祉法が制定されて都立保育園となった。ところが、一九八八（昭和六三）年に都が直轄の保育運営から撤退することになって、東村山市が設置主体となり、名称が第八保育園と変わった。当初は、東京都福祉振興財団による運営であったが、一九九七（平成九）年四月から社会福祉法人ユーカリ福祉会が経営を受託し、公設民営の保育園として今日に至っている。

保育園を取り巻く環境

園の近くには私鉄の駅があるという、街中の保育園だが、徒歩一五分圏に北山田んぼという水田があり、八国山という小高い丘陵もあり、周囲の自然には恵まれているところである。農業もけっこう盛んな地域で、農村集落としての慣行や伝統行事も残っている。

しかし、一九九七（平成九）年四月に、倉田が東村山市の民間保育所の園長を退任し、この保育園に副園長として赴任してきた。園長という立場ではなく、クラス担任として現場を持ち実践したかったからである。園長には園長歴何十年の大御所をお招きした。そのとき園を見て感じたのは「温かみの欠ける雰囲気」というものだった。

もともと、この土地は大きな味噌醤油工場の跡地で、園に隣接して大きな竹林が最近まであったのだが、昔は園庭の一部のように自由に出入りしていたのだという。それが、どこにでもある話だが、保育環境が合理化されていく中で、どこにでもある殺風景な園庭になってしまったのだ。

豊かな命の環境で幼児期の原風景をつくる

保育所は、託児所ではない、生活する家でなければならない。しかし、この園庭は子どもたちの生活の場として殺風景すぎる。園庭は子どもたちにとって原風景となるのであるから、命の成長を身近に感じられる環境でなければならない。

「命は命あるものからしか学べない」「豊かな原風景は豊かな命の環境からつくられる」、倉田と野村（当時副主任）は、育った環境こそ違っていたが、思いは同じであった。ある日二人はテラスに出た。園庭を見ながら倉田が言った。「ここが子どもたちの故郷となる。そのために何が必要かをイメージしよう！」。

二人の口から、次々と言葉が出てきた。「ここにトウモロコシ畑があり、その間をおはようと元気に親子がやってくる」「ここに田んぼがある。あぜ道があり三輪車の子どもたちが通り抜ける」「かえるが鳴いている」「大きな木が生えて子どもたちと木登りをする」「凸凹の園庭」「井戸がある」「緑の間を風が駆け抜け、やさしく子どもたちの髪をなでる」。

そして田んぼや畑、草花や家畜や虫たちなどがいる農家の庭先のような風景が、やさしい光に包まれて浮かんできたのである。

園庭をガッガッと掘り起こした

そこで二人がまず始めたことは、スコップとつるはしでコンクリートのように固まっていた園庭を掘り起こすということであった。暇さえあれば穴を掘り、がれきのような土を新しい黒土に換えていった。

映画の場面に即していうと、バナナを植えるときに掘ったら出てきたあの白い層は、砂利とかコンクリートの塊。それは硬い硬い。それを過ぎると粘土層が出てきた。だから、粘土層の上の層一五センチくらいは全部はぎとったわけだ。それを集めてつくったのが、映画の中で子どもたちが登って遊んでいる築山だ。

砂利ばかりではない。ガラスの破片が埋まっていたり、古い園舎の一部に突き当たったり、建物の基礎が出てきたりした。基礎が埋まっていたところは五〇センチほど掘った。解体業者が、持っていくのが大変だから埋めてしまったのだろう。その後、園庭を掘って田んぼをつくったり畑をつくったりする奴がいるとは想像もしなかっただろうから、罪の意識はなかったのかもしれない。

保育方針との整合性

といって、二人が勝手に園庭を掘ったわけではない。

保育所には、保育方針に基づく目標や方針がある。それに基づいているかどうかが大切な基準となる。

第八保育園の保育方針は、「自分の目で見て、自分の耳で聞いて、自分の頭で考えて行動できる子に育てる」であった。その方針に基づいて、保育の年間計画に飼育や栽培をうたい、承認されている。私たちには、それを実現していく必要がある。それが、園庭掘り起こしにつながる。もちろん、先ほど言った「命の成長を身近に感じられる環境」をつくりたいという強い思いを実現するということが根底にある。

他方、園長や管理者は、保育目標と保育実践とが整合しているかを常に検証していく責任がある。だから、「また、倉田と野村が園庭を掘っています」と園長に報告に行く職員や、「また掘っているわ」と失笑する者もいたが、保育目標を実現するための行動だから、やめろとは言えない。

私たちの手にはマメができた。それを見て、若い保育者も数人スコップを持って手伝い始めた。そして子どもたちと種をまき、苗を植えた。掘った園庭の砂利やコンクリのブロックなどで築山をつくった。その山が高くなるにつれて作物が増えていき、夏にはイメージに近い緑の園庭ができあがった。
「園庭は生活の場所であり、命の成長を身近に感じられる、農家の庭先のようでなくてはならない」という私たちの考えは圧倒的な支持を集めてきた。田んぼや畑のある園庭で運動会はできないが、隣にある小学校の校長に運動会のためにグラウンドを貸してくださいとお願いしたら快諾してくれた。だから運動会は隣の小学校の広大なグラウンドを借りて行なっている。

保育内容に栽培や飼育を組み入れていくと、現場サイドから、「子どもたちが生き生きと作業に励み、日々子どもたちの自然観・生活観も変化してきた」という声が上がってきた。すると、「大変なことはやりたくない」という考え方は駆逐されていった。

いつしか子どもたちは、できた作物を意気揚々と事務所の園長のもとに持っていくようになった。来客に「すばらしい園庭ですね」とほめられるようにもなり、慎重であった園長の取り組みに対する見方も変化していった。園長が取り組みを認めてくれるようになり、職員たちの意識も高まっていった。

前園長が退職し、倉田が新園長となった。三年目には井戸も掘った。田んぼができれば水道代がかさむ。「井戸を掘ればよい」倉田園長の発想であった。東北から井戸掘りの業者を呼んだ。業者は言う。「近くに川が流れているので地下水はあると思う。でもどこを掘るか園長が決めてくれ」「出なかったらもう一度やり直しだから料金は倍かかる」ことは責任重大である。倉田園長は園庭をぐるぐる歩き回り水脈のありそうなところに棒切れで印を付ける。「ここだ」業者が五メートル掘る。出ない。「駄目かもしれない」と業者。「でももう少し掘ってくれ」と倉田園長。業者が六メートル掘る。「湿ってきた」八メートル掘る。きれいな水脈がちょうど走っていた。ホッとした倉田園長は「弘法大師みたいだな」と笑った。

園庭を掘り始めたころの保護者の反応

食農保育を実践するうえで、もう一つのハードルは保護者の意識の変革である。これまでの保育とまったく違う保育に対面するわけだから、戸惑う気持ちもよくわかる。しかし、保護者にこそ食農保育の意図をわかってもらわなければならない。

倉田は、当時（一九九七年）五歳児を受け持っていたが、上下皮のスーツやブランドものの洋服を着てくる子がいた。当然、汚しちゃだめと言われていて、汚すことは許されない。お母さんに怒られるからと、泥んこ遊びをやらない。

親たちは親たちで、「毎日汚してくるので洗濯が大変だ」とか、「子どもの洋服だって高いんですよ」というようなことを言う。

保育園へ来るときは高価な服ではなく、洗いやすいものを着せてくださいとお願いしたが、最初はなかなか受け入れられなかった。保護者の気持ちを変えるのに時間がかかった。子どもだって簡単に変わったのではない。三か月はかかった。

子どもたちの変化

四月一日、私たちの実践がスタートしたとき、園庭を田んぼや畑にすることと同時にやったことは、園庭の「禁止事項」を取り払うことだった。例えば、園庭の遊具から黄色と黒の「禁止」のテープをはがすこと。

ジャングルジムの上とか、登り棒の上三分の一にはテープが貼ってある。だから、この園でずっと育ってきた五歳児はテープの貼ってあるところへ登ったことがなかった。四月から新しく入ってきた子どもたちは、禁止のテープが貼ってないから当然ながら登る。すると、登ったことがない子が、テープがないのに「あー、いけないんだ、いけないんだ。先生に言ってやる」と言って、大人に「ね、登っちゃいけないんだよね」と訴える。私たちが「え、何で？」と言

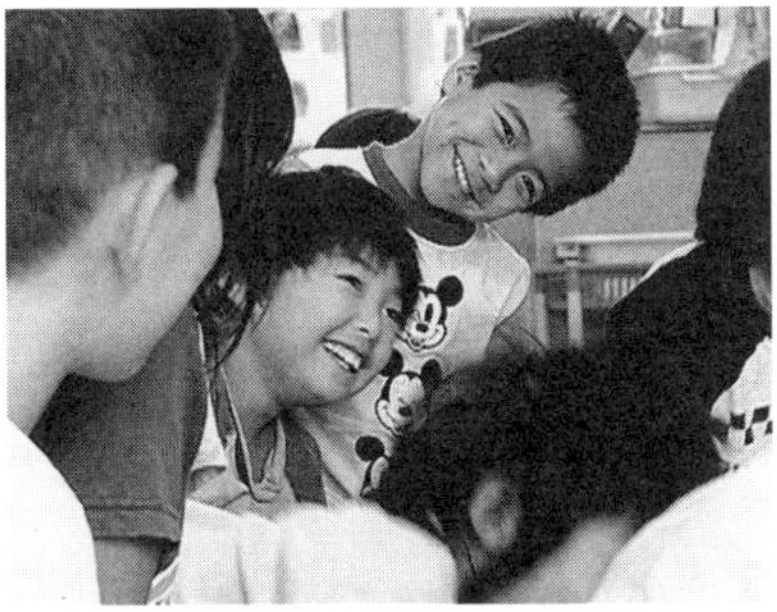

うと、すごくとまどう。

テープはなくなったけれど、子どもの心にはテープがあるわけだ。子どもたちの心の中のテープが取れるのに三か月かかった。他の子どもたちがどんどん登っていくから、この園で育った子どもたちも登るようになっていったけれど、ショックを隠せないようだった。この子たちのとまどいがわかるだけに可哀想だった。

そのうち、突然、バーンと爆発したようになって、皆が解放された。保育の考え方が一八〇度変わったわけだから、「よい子」の意識というか、そういうものが、すぐには変わらなかったわけだが、今までたまっていたものが全部出たという感じだった。本当の子どもらしさが出てきた。これまではすごく大人ぶっていた子が、本来の子どもに戻って、平気で服を汚すようになる。親が怒って怒鳴り込んできたりもしたが、私たちは、自分たちの保育の理念を粘り強く説明すると同時に、園庭での保育を不退転の覚悟でやり続けた。

その変わり方は、映画をご覧になればよくわかるわけだけれど、少し補うと、以前は部屋の中の遊びばかりだった。嘘のような話だが、外に出て思い切り遊ぼうという子どもがいなかった。つまり、外には「禁止」ばかりあって、魅力がなかったわけだ。それが、外で遊ぶようになって保育園が断然楽しくなった。

どんどん外に出ていって、何キロも歩ける子どもたちになった。そして散歩から帰ってきてからも、園庭で思いっきり遊んだ。

例えば、それまで登園拒否を起こしていた子が何人かいたが、その子らが笑って保育園に来るようになった。そこで、親たちも「あっ、保育園が変わったんだ」と思ってくれたのだ。だから、親は、理念を聞いて変わったのではなく、子どもが変わることで変わったのだ。

園庭を変えることは、保育内容が変わること

第2幕で私たちの保育理念を述べるつもりだが、ここで少しだけ言っておくと、保育園というのは生活の場所、家庭の延長だと私たちは思っている。子どもたちにとっては、ここが育ちの故郷になる。母親の胸で言葉（母語）を覚えるように、保育園で行動の基本を覚える。私たちは、それを手助けする。手助けというのは、子どもたちは白紙であって、私たちがそこに色を塗っていくという発想ではない。そうではなく、子どもはもともと、いろんな力を持っている、それを引き出すのが保育なのだと、考える。

それまでの保育は、大人からの発想といったらよいか、白紙に色を塗るという発想だったと思う。だから園庭を変えるということは、子どもが持っている力を引き出す環境を整えたのだという言い方もできる。園庭を変えることは、保育内容が変わることである。

（倉田　新・野村明洋）

第2幕

食農保育の実践

1 「食農保育」の大きな可能性

「食農保育」とは——いのちの環境を創造する

「食農保育」という言葉は、第1幕で述べたように東京都東村山市の認可保育園である東村山市立第八保育園で、一九九七（平成九）年から始めた実践——園庭を田んぼや畑にして栽培・飼育をし、収穫物を食べるという保育——を理論化した際に初めて使われた。そして、この実践に注目した小林茂樹・大木有子によってドキュメンタリー映画『たべる　たがやす　そだてる　はぐくむ　食農保育の実践』の撮影が二〇〇一〜二〇〇二年に行なわれ、二〇〇三年に一般に公開されて、一部で注目される言葉となった。さらに、二〇〇六年四月に倉田新編『いのちを育てる　こころを育てる——子育てのための食農保育・教育論』（一藝社）が出て、市民権を得た言葉となったといってよいだろう。

さて、ここで、「食農保育」が開花するまでの思考と行動について振り返りながら、食農保育の可能性について考えてみよう。

保育園には、母親の産休が明けると同時に入園する一歳未満の子から就学前の五歳児まで、たくさんの子どもたちが生活している。この子どもたちが、日々たくさんの不思議に出会い、さまざまな出来事に感動し、目を輝かせながら成長していくことが保育の理想だということには、誰も異論のないところであろう。

しかし、長い保育の経験から、私は、「理想」が理想にとどまっていると感じていた。現代の子どもたちの生活は、自然とかけ離れた無機的で人工的な環境に置かれ、いのちの温もりや尊厳を感じることが少なくなっている。だから、私が保育園を任されたとき、最初に考えたことは、保育園はいのちが育つ場所なのだから、たくさんのいのちと共生する環境をつくっていこうということだった。

「いのちの環境」とは、具体的にはどんな環境か。かつてルソーが、「自然を見よ。そして自然が教える道をたどっていけ。自然は絶えず子供を鍛える」と言い、モンテーニュも「自然はやさしい案内者である。賢明で、公正で、しかもやさしい」と言っている。また、「自然は最大の教師である」という言葉が昔からある。

保育園を自然に近づけ、園児たちが日々自然に触れることができる環境をつくるということを考えると、それは園庭を「農の世界」にする、ことではないかと私は考えたのである。

現代は第一次産業である農業は国家施策の隅に追いやられ、第二次、第三次産業中心の社会となっている。日々の生活の中でも日本人は土からどんどん離れて、インターネットやバーチャルな空間で生きている。土のにおいを感じたり、家畜を飼ったりすることはない。これはなにも都市部だけの問題ではない。農村部においては、田や畑や小川や森や海、そうした子育てにとって宝のような環境や空間に気付かないことも多い。どんどん都市化し便利になることで、「手塩にかける」という言葉に表わされるような多くの大切なものを失ってしまったのである。

最近、多くの学者たちが諸外国から育児・教育を学ぼうとしているが、そのよいといわれる教育のほとんどが第一次産業がまだ豊かで大切にされている農業国の教育である。現代の日本社会にそれらを形だけ輸入したところでうまくはいかない。わが国も「スローライフ」の精神を復活させなければならない。人生の豊かさとは何かを見直し、豊かな直接体験と土に親しむ生活をどこかで取り戻さなくてはならないのである。われわれ幼児教育に携わる者ができることは、乳幼児のうちからそうした体験の場を作り、学ばせることである。それには保育園の平らな庭を掘り返し、水を張った田んぼや、作物や野菜が植わった畑にして「いのちの環境を創造する」ということが必要なのである。

いのちは、いのちあるものからしか学べない

人は、いのちある環境のなかで育つことで、初めていのちと出会うことができる。だが、今日のような大量消費社会においては、いのちが育つ過程を目にすることはない。私たちは、特に意識もせずにスーパーでパック詰めの肉や魚の切身などを買って、食べている。そこには、大人も子どもも含めて、「いのちをいただいている」という自覚・感覚は育ちようがない。

しかし、私たちは自分のいのちをつなぐために、他の生きもののいのちをいただいている。これは、人間が生きていくためには仕方のない、生存のための宿命である。先人たちは、その宿命であることを自覚し、「(いのちを) いただきます」といって、感謝のしるし(感謝の念)を表わした。それが、洋の東西を問わない人間社会のすべてに通底するモラル(人間であることのしるし)である。

その感謝のしるしをどうしたら身に付けることができるか。いのちを大切にする心を育てる教育とはどういうものか。それは「農の世界」の中で育つことではないか。先人たちは、「農

の世界」が身近にあったがゆえに、無理なくいのちを大切にする心を身につけることができた。しかし、今や、「農の世界」は農村部の子どもたちにとっても遠い世界だ。

それなら、その世界を、いのちを大切にする子どもが育つ場をつくりださなければならない、と私たちは考えた。園庭を「農の世界」にしてしまう。平らな地面だった園庭を田んぼや畑にすると、農場であると同時にカエルが鳴き、蝶が舞い、さまざまな生き物が暮らすビオトープになる。

子どもたちが育てた草花は、美しい花を咲かせ、香りをふりまいて子どもたちを楽しませる。草花を身に着けて遊ぶこともできる。いつしか草花は生活の一部となる。また季節が巡れば種をまき、すすんで水をやり、世話をするようになる。育てた稲や野菜は、料理したり加工したりして食べることもできる。自分で育て、収穫した旬の野菜はみずみずしくおいしい。ピーマンだって、キュウリだってトマトだって、子どもたちは好き嫌いなくおいしそうに食べるようになる。

地域に広がる食農保育

作物や野菜を栽培し、収穫し、料理して食べるということは、農家がずっとずっとやってきたことで、暮らしそのものである。農家は孤立してあるのではなく、集落をつくって暮らしている。集落内での交流があってこその農家なのだ。だから、園庭を「農の世界」につくりかえて、栽培・収穫・料理という一連のことをするとなると、保育園（保育士）だけでは完結しない（できない）ということがわかってくる。

例えば、映画で「もみをとった後のわらも大切に使います」という場面には用務員の内田さんという方が登場する。内田さんは農家の出身、子どもの頃、生活の中で親から学んだことが今、役立っている。保健師の渡辺さんはヨモギを摘んで団子を作ったり、野草に詳しかったり、梅干作りの指導をしてくれたり、食品加工や食べることに豊かな知識と技術を持っている。地域の食文化研究会の中心的メンバーである。映画には出てこないが、味噌作りや糠床作りは当時事務職員であった持田さんがよいこうじを見つけてきて活躍してくれた。

食農保育はこうした経験豊富な人生の先輩たちから学ぶことでさらに活動が深まる。もちろん栄養士や調理員もそれぞれの知識と経験を生かして積極的に関わってくれる。食農保育で大切なのは園内だけで完結するのではなく、食を通して地域社会に暮す人たちとつながっていくことだと思う。園の職員だけではなく、散歩中、農家の人に声をかけ、柿を分けていただいたり、畑を借りたり、農作業の技術を教えてもらったりもする。そうして地域にも広がっていくのである。

全国どこでも、その保育園が立地するそれぞれの風土に根ざした食農保育が個性豊かに展開する。だから、大人の関わり方も一様ではなく、その地域の特性を生かした関わりが求められるだろう。

しかし、共通するところもある。つまり、食農保育をすすめていくと、園の献立は旬の食材を使ったものになり、和食中心の献立になっていく。地域の食材をつかった郷土料理的なものになる。それは、地域の食文化を伝承することにつながっていく。これはすばらしいことだと思う。食農保育で育った子どもたちがその地のかけがえのない食文化を担っていく、そう考えると、私たち大人も楽しくなる。これは、一日の大半を一緒に暮らす保育園だからできることである。保育の関係者はそのことに十分留意していただきたいと思う。

食農保育の大きな可能性

食農保育は、子どもの生活の場である園庭から始まった実践だが、園庭だけにとどまるものではない。子どもたちの活動は園の外へと広がり、食農保育を通して保護者同士がつながり、地域のさまざまな人とつながっていく。保育園を拠点として地域を活性化する活動となっていく。

このような活動が、大人たちに地域の自然の大切さを気付かせることになる。地方にあってうらやましいような自然環境に恵まれながら、その「宝」に気付かず、ワークや鼓笛の練習ばかりしている保育園は珍しいことではない。現在の大多数の保育関係者は、その「宝」に気付いていないといってよいだろう。

子どもの成長発達について学び、保育や教育を生業とする者であれば、乳幼児期の五感を通した直接体験がいかに重要であるかを理解していると思う。子どもたちの日々の生活の中で食農保育を通して体験して学ぶことは、他の教材では得られない生きた体験なのである。それは命あるものから学び、喜びを皆で共有することが、生きる力を育てる基礎となるのである。子どもたちの原風景はいかにあるべきか真剣に考えていかなくてはならないことである。人間の土台、人生の基礎つくりの大切な乳幼児期に十分に自然から学ぶことは、豊かな心を育てることに他ならない。

それを「原風景」というなら、私は、子どもたちの原風景にいのちと共に生きた時間を与えることができれば、それで保育の目的の大部分は達せられるのではないかと思う。保育関係者は、子どもたちに生涯消えることのない「原風景」を与えるために「食農保育」に思いを巡らせてほしいと願うものである。

保育の環境を子ども中心に考えるならば、保育の場を大人の都合で無味乾燥な場にしてはならないということである。また、大人の好き嫌いから、子どもたちの大切な原風景の可能性を奪うことは許されないことだと思う。

映画を見た多くの保育関係者たちが、勇気をもって手にくわを持ち、固い園庭を掘り起こし、そこに一粒の種をまいてほしい。そこから、保育園と地域をつなぐ大きな運動が始まる、私はそう信じている。

（倉田　新）

2 食農保育の実際

1　園庭畑の計画と作業

(1) 自然と子どもとの橋渡し──保育者の役割

泥遊びの経験を持たずに保育所・幼稚園に入園してくる子どもが多くなっている。そんな子どもは土や砂が少し指先に付いても手洗いに走る。転んだとき、手のひらに付いた泥を見つめて突然泣き出すこともある。素足で砂や土の上を歩けないし、砂や泥に恐怖を感じている子どもがいる。

そんな子どもを最初から畑作りに誘っても無理である。太陽と砂、泥と水に親しむチャンスを十分に保障して遊びをたんのうさせることが、畑への興味関心を培うことにつながり、ひいては畑作りに取り組む主体的条件となる。畑作りへの興味関心は畑との関わりの中で芽生えていくもので、「さあ、今日から畑作りをしましょう」ではない。つまり、自由場面の生活の中での畑の体験の蓄積が子どもにとっての畑作りの興味関心につながるのである。畑作りは子どもたちの要求から展開していくことが必要である。

畑の観察は、野菜を様々な角度から見ることが大切であり、そうした体験が子どもたちを畑に誘うことになる。キュウリ畑をじっと見つめていた子が、「〇〇ぐみさんの畑にキュウリの赤ちゃんが生まれてるよ」と、小さな実の存在に気付いたときに、

「おかあさんきゅうりにそっくりだね」と保育者が言葉を返してくれたことで、とてもうれしそうに満面の笑みを浮かべる。その子の印象はとても強いものとなったはずである。「カボチャの花にハチが入っているよ」と発見した子に、虫が媒介する受粉のことを教えても意味がない。この時期の子どもに余計な知識を教えることは百害あって一利なしである。「何しているだろうね」という子どもの〝不思議だ〟という感性に寄り添うことが大切である。さらに、保育者がいつも意識をして、自ら畑の野菜に目を向けることが大切である。気付いた子どもが、「何してるの」と問いかけてきたときに、「○○ぐみさんのナスが、とてもきれいだから見てるのよ」と応えたときに、そばに同じように座り、しばし眺めた後に、「ほんと、きれいだね」「せんせいのかおがナスに、うつっているよ」とつぶやく子ども。子どもの心を詩人にするのも、保育者がどれだけ自然と子どもとの橋渡しができるかにかかっている。

保育者の関わりと同じように大切なのは、異年齢の関わりである。畑への導入を考えた場合、年上の子どもたちが畑に関わっている姿を見ることは刺激となる。年長児が収穫し、「ぼくのは太っている」「私のはのっぽ」「おじいさんみたいにこしがまがっている」と、嬉々としている姿は、自分たちもやってみたいという〝あこがれ〟を抱かせる。保育者がお膳立てはするが、大事にしたいのは生活の中での子ども同士の伝え合いである。畑の赤カブを見ながら、「赤い顔を出している。この野菜は何だろう」「知らない（わからない）」、そうした子どもたちとのやりとりの後、「○○ぐみさんにきいてみよう」と、年長児の子どもたちとの関わりに誘ってみる。年長児は年長児としての自負を、年下の子は〝あこがれ〟が〝尊敬〟となっていくようにしたい。そのほか、畑で採れた野菜の味噌汁を飲んだ後に、野菜の姿を畑に見に行くこともよいだろう。畑作りの導入は、子どもたちの関心をできるだけ高め、子どもたちのやりたいという気持ちを引き出していくことである。

(2) 計画を立てる

食農保育は「生きる力」を育むことを目的とする。その目的を達成するためには、保育者が何を伝えるべきか、きちんとした考えに基づく計画をたて、自信を持って子どもたちと活動に臨むことが必要である。全体計画とはその園、クラスが食農保育活動をどう組み立てていくかを示すものである。指導計画は活動内容についての仮説や見通しともいえる。計画を立てても、誰もがすぐに簡単に作物を栽培できるわけではない。無事に収穫できるのかという不安は常にあり、逆に計画通りにいかないことのほうが多いのである。しかし、だからといって計画を立てなくてもいいということにはならない。食農活動は、そのときの子どもの様子や、その他様々な影響を受けるものである。生きているもの、自然を扱うのだから、当たり前のことではある。そのことをよく理解した上で、そのときどきで最善の方法を選択しながら活動を進めていくことが望ましいといえる。計画があるとそうしたことができないというのは言い訳であり、無計画な活動は、結果としてうまくいったとしてもそれは保育と言えないものとなる。それまでの様々な体験から得られた事実や情報に基づいて立案した計画に基づき、よりよい方向を目指して子どもたちと試行錯誤をしながら、柔軟に取り組むことに食農活動の価値があり、計画と実際の間に生じてくるずれを認識し、活動をよりよい方向に変化させていくことが食農

保育の醍醐味《だいごみ》である。例えば、稲の種もみを発芽させている時期に気温低下に対応ができずに、発芽しないですべてが腐ってしまったというときに、その無念さや悔しさを子どもたちといろいろに話した。結果、ある子どもが家庭に帰ってからも、そのことを家族との話題にした。そのことが、その子どもの祖父の心を動かし、子どもたちに貴重な苗を贈ってくれた。子どもたちはそこから人と人との関係、他者を思いやることの大切さに気付いていくことになる。失敗や挫折の体験から学び、失敗を学びに結びつけるような計画変更ができるかどうかも、保育者が明確なビジョンを持っているかどうかで決まるのである。

（3）地域の人々に学びながら

種苗店や花屋の人の話、近所の農家の人の話、農業関係者の話を聞き、技術を学ぶなど、園内だけですべて解決せず、食農保育の実施を通して地域の食のネットワークを創造することが大切である。また、何よりも保育者が楽しく土と関わること、そして土作り、種のまき方、苗の植え方を保育者自身が前もって十分に知っておくこと、また子どもたちに農作業に使う道具への興味関心を形成し、安全に使いこなせるように指導するために、保育者の知識と経験、技術の習得が不可欠である。

（4）食農保育の技術

①品種・種子・苗

子どもたちとの活動では、もちろん農薬などは使えない。よって、病虫害に強い品種、土地

＊油かす、魚粉、もみガラ、牛ふん、わらなどを発酵させ、熱が引いた状態にさせて、土状になったもの。未熟な堆肥を畑に入れると、細菌や糸状菌が急激に増え、その呼吸ガスや代謝物が作物の根に障害を与える。完熟堆肥とは、分解するものがなく肥料成分が無機化して、作物が吸収できる状態のものをいう。作物には、障害を与えない、安心して使える完熟堆肥を使うのが望ましい。

の気候風土に合った品種を選び、旬の時期に栽培することが基本である。

選ぶポイントとしては、なるべく薬剤処理されていないもの、遺伝子組み換えでないものを選ぶ。

病害虫による影響を最小限におさえるには、連作を避けることである。

②施肥《せひ》

収穫した作物が吸収した栄養分の補給を行なうことである。種子をまいたり苗を植える時期に施すものを元肥《もとごえ》という。植付数日前から二週間前に畑にまいて、土となじませておくものであるが、難しい点も多く、播種《はしゅ》時や植え替えのときに、完熟堆肥《たいひ》＊を施すのがよい。作物の生育の途中で追加するのが、追肥《おいごえ》である。肥よくな土壌ではあまり必要ではないが、養分を多く必要とする作物の場合、ぼかし肥などを適宜施す。

③耕うん

畑でもプランターでも、土はよくほぐし、播種や植付がしやすくしておかなくてはならない。畑の場合、三本くわや四本くわでよく掘り起こす。子どもたちにも関心を持たせ、スコップなどで一緒に土をほぐしていく。また、土の中の石や枝などは取り除いておく。

④播種

畑全体にバラバラにまくばらまき、筋上にまくすじまき、植え幅ごとに数粒ずつまく点まきなどがある。種子が重ならないように、かぶせる土はあまり厚くならないようにすることがポイントであるが、子どもたちとやると、一ところに塊で種があったり、てんこ盛りに土がかぶせられたりすることもあるので、後で調整をすることも必要になる。土はあらかじめ適当な湿り気を与えておく。播種後に水をやると、種子が流れてしまう危険があるので、気をつける。

⑤定植

ポットまきで栽培した苗を植える作業である。計画に沿った時期に収穫をしたり、病虫害予防のために行なう。定植は、やり方でその後の成長が著しく違ってくるので慎重に行なうことが大事である。苗を傷つけないようポットからそっと出す。そのとき、根鉢*の土が落ちないように気をつける。

⑥灌水《かんすい》

路地で作物を栽培する場合は、播種のときや定植のときにたっぷりと灌水しておけば、その後は必要ない。灌水は、葉に水がかからないように注意すること。日差しが強い時期は葉が焼ける原因となる。鉢やプランターの場合は、絶えず定期的な灌水が必要である。容器の下から水が出るまでたっぷりとあげて、土の中に空気が入るようにすることで、根腐れを防止する。

＊園芸用語で丸められた根っこのこと。ポットを外した際の根と土の塊のこと。

⑦間引き

作物が混んできたら、一部を抜いていく。作物が大きくなるにつれて、徐々に株間を空けていく。

最初は指が一本、次の週は二本と広げていくとわかりやすい。間引きしたものは作物によっては、食することができる。捨てたりしないで、子どもたちと食する経験も必要である。間引き自体は、細かい作業になるので、よくよく理解した上でないと、子どもたちには難しい作業になるので、十分な準備と配慮が必要になる。

2　料理保育の取り組み

まず、子どもたちが身近な作物を自分で育てて、食べてみるということである。ジャガイモやサツマイモは、世話もそれほど大変ではなく、失敗も少ないので、子どもたちが挑戦しやすい作物である。形もはっきりしていて、土の中から掘り起こすということもあり、収穫のダイナミズムも感じさせることができる。量の多少は生じるだろうが、収穫できないことはめったにないので保育者側の安心感もある。収穫してすぐに、ゆでたり焼いたりして食べられることも、大きな満足感につながる。

キュウリやトマトはだいぶ手がかかるものである。よって、保育者の毎日の世話が重要になるが、地上に実をつけ、なおかつ成長が早いので、手入れをしながら育ちを子どもたちが観察できる利点がある。コカブやラディッシュは、種子のまき方や間引きの仕方が、子どもたちには少し複雑なところもあるが、作物の育ちがわかりやすく、収穫後の試食もいろいろなやり方を見つけやすいという利点がある。葉物の幼児期での扱いは難しいように思う。はっきりと結実したことがとらえられる作物がわかりやすい。特に年齢が下がれば下がるほどその傾向がある。

他にも季節ごとの行事にちなんだ料理保育を行なっている。ジャガイモが収穫できれば、ジャガイモを使った料理もする。サツマイモの時期は、焼き芋以外に、芋汁を作る。年少から年長まで役割分担をして材料を準備する。年少はコンニャクや豆腐をちぎることが中心、年中と年長は野菜を切る。硬くて切りにくいものは年長が担当する。子どもたちは自分たちが手がけるということがうれしく、愛おしく感じるようで、期待に満ちた目と最高の笑顔で取り組んでいる。

3　調理道具を使いこなす

包丁は年少の頃より少しずつ取り入れる。年長児になると、チャボのえさ作りで毎日交代で野菜を刻めるくらい手慣れてくる。

包丁はよく切れる本物を使う。大人がついて丁寧に指導することで、包丁の危険性や安全な使い方を学習していく。

かまどの火や炭火も特別なものではなく、一般的に危険といわれるものが保育の生活の中に存在する環境は必要だ。もちろん火を扱う場所は必ず保育者がつき、子どもたちには事前に注意をうながしている。炊きつけ、火加減の調整、またタイミングを図り、子どもたちに鍋の中の様子を見せたりにおいをかがせたりしている。水を入れた鍋を火にかけると子どもたちは真剣な眼差しで鍋を見つめ、泡の出る様子や煮立つ音、湯気などの様子を言葉にして楽しんでいる。必要以上に注意をうながさなくとも、火を扱う場所を整然とし、火器の安定に配慮すれば、子どもたちは火の熱を肌でじかに感じることができ、注意深く集中して活動に臨んでいる。

4 食文化を伝承する

梅干、干し柿、味噌等の伝統食作りに取り組むことも料理保育の一環ととらえている。梅のへたを串を使ってとる、あら塩でもむ、手を真っ赤に染めながら赤ジソを洗う、漬け上がった梅をトレイに並べて天日で干し、日に何度か天地を返すことや、柿の皮を包丁でむくこと、ゆでた大豆をすりつぶして、こうじと合わせて味噌玉を作ることなど、技やコツを伝えてもらうだけではなく、地域で脈々と受け継がれてきた食文化を伝えてもらう、いわば地域の中で人と人が結びつきを深めながら、どう生きてきたかを伝えてもらっている。そこでは、材料のことや味付け、栽培の苦労や楽しみ、食生活の環境など、いろいろな会話がなされる。子どもたちは大人たちの様子から人とのつながりの楽しさを感じる機会ともなる。梅干は給食の一品、味噌も市販のものと合わせて味噌汁となり、それは子どもたちの喜びにもなり食が進む。納豆も給食でよく出るもので、子どもたちは大好きである。年長児は、自分たちの納豆を作って食べたいと、納豆作りに取り組んだ。収穫後のわらで、わら筒を作り、収穫し選別した大豆を大鍋でゆでて、わら筒で包んでいく。発泡スチロールの箱に入れて、周囲に湯たんぽを入れて、毛布で包んで温度を保つ。温度管理は大人がみる。頃合いのよい日にわら筒を開けると、わらの香り一杯の納豆ができていて子どもたちは大喜びである。何度もにおいをかぎながら、大事そうに食べる。何も添加しない本物の味である。

四月の草もち作りは、散歩先でヨモギを摘んでくる。ごみ等を取り除き、洗ってゆでて、せいろでふかしたもち米へつきこんでいく。これは春の香りを楽しみ、春を食する会である。年長児たちは、つきあがった餅であんをくるみ大福作りに取り組む。あんをくるむ作業は見た目よりかなり難しい。何度くるんでもあんがはみ出てしまい、イライラしたり、あきらめそうになる子も出てくる。そうした子を最後まで盛り立ててあげることで、一つの草大福ができあがったときの、大福を愛おしそうに眺める子どもの眼差しはたまらない。子供たちは、自分が食べるだけでなく誰かに食べさせてあげたいと思う子がほとんどだ。人に食べてもらうために作る。料理の醍醐味《だいごみ》である。

餅は親子の餅つき会も含めて、年に数回つく。年末はついた餅で鏡餅を作る。大小取り混ぜて、頭や顔を白くしながら丸めていく。これも形のよいものを作ろうとすると並大抵ではないが、子どもたちは集中して取り組む。年中や年長児は、鏡餅の簡単ないわれも伝えられている。年が明けて鏡開きの日を迎えるまで、自分たちが作った餅が飾られていることは自慢であるし、鏡開き後、天日で干したものを、調理室であげ餅にしてくれたものを食べられることも楽しみのひとつとしている。

作るだけでなく、〝見る料理保育〟もある。五月と一〇月の「焼き魚の会」では、それぞれの季節の旬の魚を姿焼きして皆で会食する。子どもたちは生の魚に触れたり、焼きあがる音を聞いたり、においをかいだりする。魚屋さんのサービスでちょうだいする魚を、保育士が目の前でさばく様も目の当たりにする。いつもと違う雰囲気の中で、味も格別に感じたり、五感をすべて刺激する貴重なひとときになっている。

（野村明洋）

3 園児の稲作りと子どもたちの変化

(1) 一五アールのミニ田んぼ

園庭を掘り起こし、畑にしたことは第1幕で述べた。田んぼも同様に、園庭を掘り起こして作ったものである。

一年目は幅一メートル、長さ五メートルの区域を三〇センチ掘り下げ、二年目は幅二メートル、長さ五メートルの区域を三〇センチ掘り下げ、そこに粘土質の荒木田土《あらきだ》や赤土を入れて混ぜ合わせ、水を足してこねて底土を作りあげた。

田植えまでは、その田んぼが泥プールとして子どもたちの開放的な空間となり、泥んこ遊びの大好きな子どもたちは全身真っ黒になって土の感触を楽しんでいた。最初は抵抗を感じていた子もだんだん大胆になり、「田んぼの中はヌルヌルするけど気持ちいい」と、存分に遊ぶようになった。

二年目の田んぼには幅約三〇センチのうねを縦と横につくった。これで、子どもたちは田んぼの中心部にまで入り込めるようになり、田んぼの内側から稲の生長変化を観察したり、田んぼの中の植物や小動物の観察ができるようになった。

また、子どもたちが散歩先で採取してきた水草や小動物を放して、成長させたり繁殖させたりすることで、毎日様々な変化が見られることから、子どもたちの関心もますます高まった。

ミニ田んぼに放した動植物は、ドジョウ、オタマジャクシ、エビ、タニシ、ヤゴ、水草などである。オタマジャクシやヤゴのように成長に伴い生息域が変化していったり、稲の成長による田んぼの環境の変化に動植物が適応できなくなることなども観察できた。観察できる期間は限られていたものの、生活の場に近いところにオタマジャクシやカエルと出会える保育環境を作り出すことができたことは大きな前進であった。

(2) 稲作りの経緯

①田植え

品種はコシヒカリにした。当初は農家から分けてもらっていたが、いのちをつなぐということを子どもたちと経験するために、二〇〇一年からは、前年度に収穫したものから種もみを取り分け、苗を育てている。種もみを塩水選別する段階では、沈んだ種もみと浮いた種もみの差別化で子どもたちに葛藤《かっとう》が生じる。浮き沈みが軽重の差であり、養分量の差であることは年長児は気付くが、沈んだ種もみと区別される現実に、「かわいそう」「一緒にしてあげたい」と声があがったりする。そこで子どもたちとなぜ一緒にできないのかを考えていく。浮いた種もみは観賞用としての役割を与えられることもある。一緒であればよいわけではなく、それぞれの持つ能力が生かされ、最大限その役割を担うことが大切であることに気付いていく土台となる。

田植えでは大切な苗を踏まないように注意し丁寧に植えている姿が見られる。植えた苗が浮いてきてしまい悩んでしまう子など、個人差はあるものの自分の手で植えられたことに満足感を感じる子どもが多い。水の管理の初期は、毎日朝夕に子どもたちが当番で担当し、生育中期

は中干しや間断かんがいを行なうので保育者が担当している。

中干しは、水を落として田面を乾かし、土面に細かい亀裂が現れるまで干す水管理の方法である。中干し後の水管理は湛水《たんすい》と落水を交互に繰り返す間断かんがいを行なう。

田んぼは湛水を続けると、稲にとって有害である硫化水素や有機酸などが生成され、それらが過度に集積すると根が障害を受け根腐れを起こす。中干しなどは、湛水によるこのような障害を回避する方法として有効であると言われている。

②追肥

田植え後、三〇日くらいたったら、泥ぬるむ田んぼの中に入り、追肥として、ぼかし肥をまく。

ぼかし肥は、油かす類、魚かす、米ぬか、鶏ふんなどの有機肥料を主な原料とし、微生物による有機物の分解を施してつくった肥料のことで、有機栽培では一般に肥料としてぼかし肥を使う。

日頃からの畑ものの栽培活動で腐葉土、堆肥《たいひ》、鶏ふんなどに慣れている子どもたちは各自決められた量の肥料を比較的抵抗なしに丁寧にまいていくことができる。この時期にどうして追肥をやってやるのかと説明すると、子どもたちは、「田んぼのごはんだね」「元気にね」「大きくなってね」と、それぞれの思いを口にしながらまいている。

③刈り取り・調製

田植え後、一二〇日くらいになると、稲は黄金色に色づいて、いよいよ刈り取りである。

刈り取りは、鎌を用いて行ない、三〜五歳児が行なう。鎌の取扱いに不慣れな子たちには保育者が一対一でついて体験できるように援助する。刈りとった稲を集めて束にして干すまでの一連の作業については五歳児が行なう。脱穀については、できるだけ子どもの手が加わる過程をもつことで稲から米を収穫していく大変さなども実体験していけるように、①子どもたちが自分の指先でもみをしごいて脱穀して行く方法をとっている。もみすりも試行錯誤を繰り返した結果、②うすに少しずつもみを入れ、子ども用のきねですり、ドライヤーの冷風でもみ殻やゴミを吹き飛ばす方法をとっている。①②の方法ともに手間のかかる根気のいる作業だが、子どもたちは非常に集中して取り組んでいる。特に②は作業行程を面白く感じ、やりたがる子が多く、子どもたちが自分たちで、時間を見つけては準備をし作業を進めている。仕上がった玄米を米屋に持ち込み精米機にかけると、黒っぽい玄米が白米になる。子どもたちは、その真っ白になった米の色、温かさ、においを五感で感じる。そして食への期待を高めていく。

収量は、例年白米にして五キロ程度。食べる段階では、子どもたちが米を研ぎ、かまどで炊き上げる。炊き上る過程では、吹き上って来る様子、音、においなどに「お米が生きているよ」「甘いにおいがするよ」

と心踊らせる子がほとんどである。

(3) 子どもが変わり保育者、保護者も変わった

一年の稲作活動を通じて、子どもたちは脱穀、もみすりの過程を経験する頃から、給食のときなどにご飯を食べながら「このご飯つくるのは大変なんだよね」「一個も残さないで食べたほうがいいんだよ」「このお米とるのは大変なんだよね」などという言葉が自然に口から出るようになる。これは子どもたち自身が一番時間がかかり労力を要する作業を通じて、五歳児なりの体験から、食べるためには、そこには育てるという営み、そして食料としていくためのさらに多くの作業が存在していることを学んだ結果と考えられる。

また、精米でできたぬかについて、「これお米のかすなの?」「何に使うの?」「食べられるの?」という子どもたちの疑問に対して、子どもたちと一緒に図鑑などで調べたり、食文化に詳しい非常勤の職員に聞いたりしてぬかの利用法について学び、その職員の指導を受けながら、子どもたちと一緒にぬか床を作り、畑で栽培した大根やカブを漬けて給食のときに食べたりしている。

また、わらで縄を作り、近所の農家の庭先で採らせてもらった渋柿の皮をむき、その縄につるし、干し柿を作って食べるなどの活動も行なっている。

これらのことを通じて、水稲を中心に形成されてきた食の文化、特に無駄を出さない先人たちの知恵に触れた経験は、子どもの生活の中でずっと育ち続けていってくれるものと考えている。五歳児という年齢で学んだことは、学齢期からその先の生活の中で様々な課題と向き合っ

たとき、その課題を解くうえで大きな力になるに違いない。

また、この実践を通じて、子どもたちが園で畑作や稲作を経験する中で、保育者の中にも家でバケツで稲栽培を始めたり、家庭菜園を作る者が出てきたり、保護者が家庭菜園を始めるなどの動きが現われてきた。これまで消費者の立場のみで、土から育てるという感覚が乏しく、生産と食との距離が遠かった子どもたちの家庭の意識にも少しずつ変化が生じてきている。

人と風土は表裏一体で、風土が人を育て、人が風土をつくるといわれる。

地域で生まれ育つ子どもたちと共に、今後も地域や地域に暮らす人たちを知ることを大切に考えながら、開かれた関係の中で、さらに食農保育を展開していきたいと考えている。

（野村明洋・倉田　新）

4 地域に広がる食農ネットワーク

(1) 強力な助っ人――近隣の野菜生産者の全面的協力

畑や田んぼがある園庭環境を作り上げてきたのは、子どもたちが日々遊び、生活をする場を〝命あふれる場〟としていきたかったからだ。庭にあれば、いつでも眺めたいときに眺められる、関わりたいときに関わることができる。まったく畑には気が向かずに他のことをしていても、常に視界の中にそれらが存在するようにしたかった。期待どおりに畑や田んぼは彼らの生活空間の一部となった。部屋から園庭へ出るときも、子どもたちは、ミニ田んぼのあぜ道を駆けていく。かくれんぼでは、キュウリやトマトの木の陰に隠れている子が必ずいる。小さくうずくまっているときに、土の上や葉っぱの上に虫を見つけたりするのも楽しんでいる。どこどこのクラスの前のトマトが赤くなりはじめている、あしたの朝には、このキュウリが食べられそうと、生活の流れの中で子どもたちは、いろいろなことに気付いていく。サクランボ、アンズやヤマモモ、イチジク、桑、柿などの実も、日々色づいていく様を楽しんでいる。

食農保育に取り組み始め八年ほどたち、ようやく園庭での活動が安定してくるにつれ、ずっと心で願っていることを何とか実現したいという思いが強くなってきた。それは、園外に畑を借りて、子どもたちと一緒に園の給食の食材としても使うことができる作物を生産したいということだった。それまでも、何度か、近隣の生産農家の方々にお願いをしてきたが、既に学校

畑で中島さんの説明を聞く園児たち

農園として貸していて余地がない、保育園などに貸すと土地が荒れる等の理由でなかなか協力をしていただける方が見つからなかった。

あせらずに、地道にできることをしていこうと思っていた矢先、私が園だよりで食農の取り組みについて書いた一文が、近隣で野菜を生産されている園児の祖父でもある中島幸夫さんの目にとまり、先方から「何かお手伝いできることがあれば」と声をかけていただいた。活動できる場を探し求めていたことが、さらに一歩も二歩も進んで、共に子どもの育つ環境や子どもと食について考え行動をしてくれる生産者の方と巡り合うことができたのだ。中島さんは、それまでされていた仕事を終わらせて、自分が好きなことで納得ができる仕事がしたいと農業の道に足を踏み込まれた方だった。孫である園児から、園の取り組みについての話を聞いて、前々から関心を持って下さっていたようだ。

平成一七年から、中島さんの協力を得ながらの取り組みが始まった。最初に手がけたのは、〝トウモロコシ迷路〟だ。「これだという案をいくつか出してみて」と言われ、迷路の図案を何枚も書いた。膝を突き合わせて、互いに図案に見入り、「これでは面白くない」「これはむずかしすぎるだろう」「壁にするためにはどのくらいの間隔で植えればいいのか」など何度も話し合った。子どもの喜ぶ顔が見たいという共通の願い。トウモロコシの畑の中で歓声をあげている子どもの姿を想像しながらの話はとても楽しいものだった。

図案が設計図になり、植付けは、私たち園のスタッフ、中島さんのところのスタッフ総出で行なった。設計図通りに、畑を碁盤の目に分け、抜くところ、閉じるところを確認しながら植付けを行なった。大変手間がかかり重労働であったが、私たち園のスタッフは、中島さんのところのスタッフとも、交流を深めながら、これまでとは違った面白さも感じていた。合間の世話、草取りなども時間の許す限り、園のスタッフも参加した。中島さんは、成長したトウモロコシ畑の中を縦横無尽に駆け回る子どもたちの姿を見て、目を細めて下さった。中島さんから一本一本トウモロコシをいただき、子どもたちも目を輝かせていた。

芋掘りも、平成一六年までは別の場所でさせていただいていたのだが、〝植付けから子どもたちと共に経験したい〟〝子どもたちに芋づる引きをさせたい〟という私の考えをくんでくれて、畑の一角を園児の芋掘り用の畑に整えてくれた。年長クラスの子どもたちとともに、四〇〇本の苗を植えた。最初に一通りの手順を子どもたちに伝えたが、「ちょこっとやるくらいだと思っていたが、よくやるねえ。大半は手直しかと思っていたが、案外うまく植えてある。やっぱり園でいろいろと経験しているからかね」と中島さんに子どもたちの取り組みを認めていただいたときは、本当にうれしかった。子どもたちが掘り、口にする芋だからと、無農薬で管理をしてくれて、虫がついて、その虫が隣接する住宅の壁をはったりしたときは、「これからを生きる子どもたちのため」と理解をしていただけるようにお願いをして下さったりもした。草取りや根切りなど、私たち園のスタッフもトウモロコシ同様に中島さんに教えていただきながら、芋畑に関わった。園庭では体験できない本格的な作物の生産体験は子どものみならず大人たちにも新鮮なものだった。

収穫のときは、保護者にも呼びかけ、数組が親子で参加した。サツマイモのつる引きはそんな簡単に引けるものではなかった。顔を真っ赤にして奮闘している子どもの姿がかわいかった。勢い余ってしりもちをついて泣き出す子、それを励ます子、大きく太った芋を高々と掲げ、誇らしげな顔をしている子、それまでの芋掘りにはなかったたくましさがみなぎっていた。一人の子が広々とした畑を、うれしそうに走り回り、土の上に大の字になった。その子は日常の生活にもかなりの負担がかかるほどのアトピー性の皮膚炎があった。手も足も包帯を巻き、その症状ゆえに気持ちが落ち着かなかったりもしていた子が、包帯も気にせずに開放感いっぱいに土と戯れていた。本当にうれしい姿であった。中島さんが言った、「農薬を使わなくてよかった……。これからも使えないね」。

中島さんには園の給食に使う野菜も生産してもらっている。「身土不二」という言葉がある。身と土は二つとあらず、私たちの体にとって本当によい食べ物は、その土地で育ったものをその土地で食べることが一番であるという考え方だ。住む所、季節で食べ物が変わり、生活が変わる。子どもたちにも自分の住んでいる土地で取れる食材を食べさせたいと常々考えていた。しかしながら、土地の物であれば何でもよいとはいかない。農薬をひんぱんに使い、ミミズはおろか虫一匹見当たらないような土地で育った物は、地場産でも子どもには提供できない。中島さんとの出会いは、安心安全な地場産の作物を子どもたちに提供することをも可能にした。

現在の耕地は、給食用農作物の生産と一部が園児との〝連携作業用〟だ。乳児から就学前までの一〇〇名定員の園の給食食材を作っていただいているので、中島さんは園のためにわざわざ少量多品種の生産方法をとってくれている。畑の生産性を考えれば、少量多品種は非常にコストがかかることだ。作りすぎたり、収穫時期が集中したり、園の給食室の食材発注との調整で互いに戸惑うことも多々あった。「迷惑をかけすぎているんではないか」「園のエゴを押し付けているのではないか」と悩むこともあり、そうした話題で話し合ったこともある。「そんな簡単にことは運ばないですよ」「いろいろに軌道修正を重ねながら、三年くらいのスパンで考えませんか」自分の大変さはおくびにも出さずに、そう励ましてくれる中島さんの笑顔に頭が下がった。

「専業で畑をやっていたら、多分無理だったろうね」と笑い合うこともある。少量多品種、無農薬、まがりなりにも小規模兼業農家に育った私には、その難しさが実感できた。「社会とどのように関わるか、年齢を追うごとに考えてきた。この畑も縁があって使わせてもらっている。必要以上にもうけを考えたり、自分のことだけを考えていくやり方は自分の性に合わない」と中島さんは言う。定期的に、子どもたちを畑に連れて行くが、そのときの子どもたち一人一人に向ける眼差しが温かい。子どもたちが何に興味を持つのか、いつも思いをめぐらして畑をデザインしてくれている。たまたま、トラクターで畑を耕しているときに訪れたときは、一人一人子どもたちを運転席に乗せて動かしてくれたこともある。子どもたちが家族と一緒に過ごす食卓の話題になってくれればいいと二人でよく話す。食農保育のねらいの一つでもあった、〝園での子どもたちとの取り組みが、家庭での食のあり方に変化をもたらし、地域の中で食を中心としたつながりが深まる〟ということが中島さんとの出会いで、実現に向けて一歩踏み出せた。園だけではできないことが、地域の中に一人でもよき理解者があることで、大きな力となる。これからも子どもたちがその土地で育っていることを実感できる取り組みを進めていきたいと考えている。

(2) 泥んこ遊びや給食を巡っての親たちの反応と変化

子どもは水遊びや泥遊びが大好き

第1幕3でも触れたように、取り組みの早期には、本能的には泥んこ遊びなどが好きであるはずの子どもたちが、服や靴が汚れるからとそうした遊びから距離をおいている姿もあった。土は汚いもの、服は汚してはいけないものと親から刷り込まれていた結果だ。子どもは本来、水遊びや砂遊び、泥遊びを大好きなはずだ。大人が止めたりしない限り、水があれば水に手足を入れ、泥まみれになって遊び始める。

水遊びや泥遊びなどの遊びは、どうでもよい遊びではなく、私たちがヒトとして最大限よりよく生きていくために必要な、根本をなす遊びなのだ。日々の遊びの中で、体中に泥を塗りたくってしあわせそうにしている姿、田んぼの泥のプールに気持ちよさそうにつかっている姿、満足いくまで真っ黒になって、シャワーを浴びているときの充実した笑顔などを見る機会が増えるにつれて、一部の懐疑的な親たちの目も変化していった。

畑や田んぼができ、緑が増えると、様々な生き物も集まってくる。虫もそうだ。子どもたちはアリやダンゴムシを見つけると、モゾモゾ動くその生き物に関心を示す。

はじめの頃は怖がっていても、大人が手にとってみせたり、さわれるように手助けをしてあげると、少しずつ自分でつかめるようになる。つかめたときのうれしそうな笑顔は本当にほほえましい。生き物と出会わせるのは三歳までがいいと言われる。自他の区別がはっきりとしない時期だからこそ、生き物が自分の一部として実感されるからだ。年を重ねるごとに物を物として見るようになり、そうした感覚を持ちにくくなる。

生き物とのふれ合い体験への理解と助成

園では犬やチャボなども飼っている。もともと生き物好きな親だけではなく、自分は苦手ではあるが、わが子がチャボにえさをあげている姿や犬と戯れる姿を見るにつけ、幼児期における生き物とのとふれ合い体験は、成長段階で避けてはいけないことだと思うようになるようだ。子どもたちが虫や魚などの小動物にふれる機会を持とうとする家庭も増えている。それは子どもたちがそうしたことを望むからだ。週明けに、「家ではすべて飼えないので」と、ドジョウやザリガニを園に持ってきてくれることもある。家では飼いたくないという家庭も中にはあるが、好むと好まざるとに関わらず、そうした機会を持ってくれるのは子どもたちにとってはありがたいことだ。卒園児も自分がつかまえた虫や小動物を園に持ってきてくれることがある。カマキリの卵を見つけて、木の枝についたまま園に持ってきたりもする。本当は家でふ化させたいのだろうが、うじゃうじゃとカマキリの幼虫が湧いて出てくることは、親もちょっと勘弁してほしいらしい。

保育園時代にたくさん小動物と関わったり、作物の栽培にも積極的だった子は、その後も生き物との関わりは豊かなようだ。友だちとうまく遊んだり、家族や友だちを思いやったりする気持ちも強いように見受けられる。逆にそうした経験が希薄だった子は、テレビゲームなど人工的な物に没頭してしまうなど、学習意欲や人間関係、コミュニケーションがうまくいってない姿が見られるのは残念だ。様々な自然体験、集団での経験は社会性、協調性、友人関係などに深く関連があるのだ。子どもたちの生活が自然とともにあることを前提とした園の保育のあり方について、現在はほとんどの親が肯定的である。泥んこが当たり前で、「たくさんの汚れ物で洗濯が大変」と言いつつも満足そうに子どもからいろいろな話を聞いている。

子どもが変わると親も変わる

園庭環境で大きかったことは、園庭里山化計画である。園がある地域の自然を園庭の中に呼び込みたいという願いを、親たちも理解してくれて、親父の会の父親たちが中心になり、父母会も後押しをしてくれて、固定遊具の一部を撤去し、土山を築きなおし、山の上から水を流し、池を作った。井戸からパイプを引いて、井戸水が循環するようにもした。山には近隣の野山で見かける木々を植えた。まだまだ改良の余地があるが、生き物が集まり、育つ場を作っていくということに、親たちが汗を流して取り組んでくれたこと、これからも取り組み続けてくれることはありがたいことだ。

親たちがこのような協力をしてくれるのは、わが子が望ましい変わり方をしているという実感の裏打ちがあるからである。

食農の取り組みでも、親たちの変化は顕著である。トマトが苦手なわが子がなぜ園の畑のトマトを食べるのか不思議がる。なぜそうなのかは一概には説明はつかないだろうが、園のトマトの話をする子どもの真剣な語り口から、親は、そこには店で買ってくるトマトにないものがあることに気付いていく。子どもがあまりに楽しげに話をするので、食農活動に合わせて休暇をとり、保育参加をし、子どもと一緒に田植えや畑の世話に参加をする親も増えてきた。素足になって田んぼに入り、最初は「ひゃー」と言いながらも、「すごく気持ちいい、いやされる」と喜んでいる。その姿を子が見て、またうれしそうにしている。また、「私も夫もこういうことが好きでこの園に入れたのに、子どもはやりたがらない」と親が嘆くこともある。「本当に嫌なら、この場にいることもできない、子どもなりに一歩踏み出すタイミングを計っているだけ。他の子たちが楽しげにやっている姿を見ることも大事」と励まし、「お母さんが楽しみましょう」と誘う。食農活動に参加したいという親は少しずつ増えている。

園の給食が家庭の食生活の指針に

園の給食は、米飯を中心とした穀物食に野菜、そして魚を食材にした日本型食生活といってよいものである。できるだけ地元の農産物を中心とした食事を心がけ、できるだけ丸ごといただく。全体食を基本としている。味覚形成期にあたる乳幼児の親は、コンビニを利用して育ってきた世代でもあり、親の力のみで〝おふくろの味〟を子どもに提供していくことは難しい。親に次いで子どもの食事に大きく関わり、影響力を有する園の給食が、伝統食、〝おふくろの味〟を家庭に伝え、食性や食原理を無視した食生活がどれだけ子どもの健康に影響しているかを伝えられるように努力をしてきた。伝統食、日本型食生活を伝えることで、基本となる食の感覚をしっかりと刻んでいくと共に、食材自体への興味関心、食材がどのように作られるのかなどを、自ら農を体験することで感じとってもらうことも大事にしてきた。園の給食を味見して味がないという感想を寄せた親もいた。子どもも同様に味を感じられなかった。化学調味料をふんだんに使っていたり、濃い味付けでもあるできあいの食品を多用した食生活だったらしい。味覚は早い段階なら元に戻せる。その子どもも、時間はかかったが、しっかりとっただしによるうまみで、素材そのものを生かした園の給食の味がおいしいと感じられるようになった。

園の給食は、子どもたちが口にするものを、可能な限り自然なものにすることを心がけることで、子どもたちの身体の自然力を高めることもねらいとしている。親は、そのことを、家庭ではなかなかそこまで手がかけられないのでありがたいと喜んでくれているのだが、ひんぱんにファミリーレストランやファーストフードで外食をしたりしているのも現実である。

様々な習い事については、意識が向くのに、食についてはほとんど意識が向かない親がいることも事実だ。乳幼児期から食品添加物がごっそりと入った加工食品を多食させることが、後から必ずその代償を払わされることになることをなかなか理解できない場合も多い。もちろん、もともと家庭における〝食〟がしっかりしている子もたくさんいる。子どもの園での活動から影響されて、梅干、味噌などの伝統食作りに関わりはじめた親たちもいる。子どもが園で何を食べているのか、自分自身も園の給食を試食し、「まったく同じようにはできないけれども」と前置きしながらも、レシピが欲しいと言ってくる親も増えてきた。

乳幼児期の体験は、その人の一生を左右する。〝食〟は、その中でも一番大事な要素である。これからも私たちは、子どもたちが、均整のとれた人間として社会生活を営むことができるように、「食生活」や「食環境」の大事さを親たちに伝えていく。

(3) 分かち合うことで生まれるもの

食を通じて心を伝える

これからの時代、日本の伝統食や保存食、料理方法などは、どんどん消えていくだろう。耕さずして食べる人間が増え、その日に採れた野草や野菜、卵、魚などで一汁一菜、二菜をこしらえていた頃の〝旬〟は薄れ、「初物」を喜び分かち合い、感謝し食する感性も消えていくであろう。

いつも手にすることができないからこそ、手にしたときの喜びが大きいのに、いつでもどこでも何でも食べられることが豊かだと大きな勘違いをしている。地方の過疎の漁村にもスーパーができて、魚の切り身や刺身が売られている時代である。人が土から離れていくように、口にする物を作らなくてもいいように仕向けてきたのが今の世の中だ。こんなことで、私たちは次の時代を生きる子どもに何を伝えられるというのか。つまらぬ知識ばかりを付けて、本当に生きる知恵はまったく伝わらないのではないか。

一方、ちまたでは、介護用に魚の骨を除いて再度接着剤で身を貼り合わせた〝骨なし魚〟が作られているという。それに追随する形で、今度は骨まで食べられるように加工した魚を学校給食で提供するという話も聞かれる。目的の一つは子どもたちのカルシウム不足対策があげられている。確かに、小骨の多い魚などは小さな子どもには食べにくかったりもするので、圧力鍋で煮込んで骨まで食べられるように調理をすることはある。しかし、今の世の中で起きていることはまったくそれとは次元の違うことだ。

園では秋の味覚として、〝焼き魚の会〟を行なっている。炭火で焼いたサンマを丸ごと一匹ちょうだいする。年長や年中児たちは、自分たちで骨と身を分けて食べている。芸術的なくらいにきれいに食べる子を見ると、普段の生活の中でも大人が丁寧に伝えているのだなと感心する。それより小さな子では大人が骨をより分けてあげている。子どもは早く食べたいという期待感を持って見守る。そうした時間の流れ、心の通い合いが〝食〟の醍醐味であり、ただ食べることは〝食〟ではない。食べ物は、それを囲む人の〝心〟でいただきたいと思うし、それを子どもたちに伝えていくことが大人の使命だろう。私たちは食を通じて、心を伝えたいのだ。

五感で発見することの大事さ

よほどの農家でない限り、農業所得だけで生きていくことは不可能だ。だから他の仕事をする。さらに土地を捨て食料生産を止めてしまう。日本の食料自給率は四〇パーセントといわれるが、東京の自給率は一パーセントにも達しない。日本の食を支える人の六七パーセントが六0歳以上だ。そうしたことに目を向けることなく、やれビタミンが豊富だとか、これは体にいい成分が入っているとか栄養学的な情報に振り回されている。本当におかしいことだ。これからを生きる子どもたちには、食べ物を支えている人たちにも思いが届く、イメージを働かせることができる人間になってほしい。栄養学的な食育も大事だが、食農の取り組みは、できる限り本物に触れ、観察し、においをかぎ、食するなど、五感で様々なことを発見することが大事だ。幼児期に自分で観察し、考え、解決をする力の基礎を身に付けた子どもたちは、その後の人生においてもさらにそうした力を磨き発揮してくれると思う。

食農保育にこだわるのは、食の基本が農や土にあり、食べ物は風土に根ざした生き物だと考えるからだ。いくら自然に恵まれていても、ただ眺めるだけで生活の中に取り込まなくては原体験や原風景として心に残ることはない。ふるさととはそうしたものだ。

分かち合う生活

平成一八年度も、園庭には、いろいろな作物を子どもたちとともに植えた。中島さんの畑との連携で、栽培する作物を分散することができて、より深く丁寧に見ていくことも可能になった。アンズやイチジクも実をつけ、子どもたちもその色付きを楽しみにしている。子どもたちが植えた稲も風にそよいでいる。チャボも毎日、二～三個の卵を産んでくれる。子どもたちは毎日のえさ作りもそうだが、ミミズを探してはチャボにあげている。「いい卵を産んでね」と声をかけながら。二、三個の卵を子どもたちは分かち合って口にする。自然界の中では人は個体としてはそんなに力があるわけではない。それでも人が生きていけるのは、個々の力や知恵を分かち合っていくことができるからだ。大人も子どもも自分ができるところで力を寄せ合い協力する。チャボの卵に限らず、すべてが満たされる量が採れるわけではないが、分かち合って味わう。私たちはこれまでその大事さを子どもたちに伝えてきたし、これからもその大切さを誠心誠意伝えていく。みんな泥んこになって、体を動かすことでわかることが、そこにはいっぱいある。日々繰り返される生活の中で、協力することの喜びを学んでいってほしいと思うし、私たちもそこから学んでいきたい。子どもたちもいずれは大人になり、親になる。奪い合うのではなく分かち合うことで生まれるしあわせ、それは、幼少期からの分かち合う生活の中から育まれていくものだと、私たちは信じている。

（野村明洋）

5 「食農保育」0歳から五歳まで　一年間の取り組み
――職員会議の発言から

＊以下は、食農保育を始めて五年目、二〇〇二年一月七日の第八保育園職員会議の発言を忠実に復元したものである。この発言から、保育者の「食農保育」に対する考えや取り組みの内容をわかっていただけると思う。肩書などは二〇〇二年当時のものである。

副園長　野村明洋　それぞれのクラスのこの一年の取り組みを振り返ってみると同時に、他のクラスのことも聞いてみましょう。食農に関しての取り組みと、子どものこと、皆さんが感じていることを話してください。

■0歳

0歳担任　大舘千保　片言の子どもが、木になった実や畑に実ったものを見て、「まんま」と指を指す。0歳児が全身でいろいろなことを受け止め感じて、それを自分の力として生き生きと成長していることを実感します。

保育園で飼っている犬のナツがきっかけで、初めての言葉がワンワンという子が多い。昨年はナツも幼なかったけれど、今年の子たちは成長したナツがいた段階で入園しました。四月の段階でまだはいはい、四つんばいの子と四本足のナッツとは出会いが新鮮というか自然で、何も考えず感じたままの行動で子どもが純粋に近づいていくと、ナッツがそれに答えるようにやさしい眼差しで応える。安心して見ていられる関わりであることを実感しました。

最近では集団でというか、自分だけでなく周りの子たちとの関わりも楽しんでいることが多く見られるようになりました。今までは食べものは絶対手から離さなかった子たち、子どもだからやっぱり食べものは離さなかったのが、自分も満足してそれを相手に分けてあげる、自分が一口食べたら相手に差し出してあげる姿が見られます。散歩とか一緒に経験してきたことで心の方も成長してきたのではないかと感じています。自分が一口飲んだら他の子にハイとあげるとか、一口食べたら違う子にもあげたい、と。

0歳担任　大谷将史　0歳の子どもたちは自分たちで育ててという年齢ではないけれど、例えば普段トマトを食べない子が散歩先でなっているのを採ってあげると食べる。おいしいと自分から手を伸ばして食べるということがありました。子どもの中で違うということを経験することはこれから大きくなっていく上で「何で違うんだろ」と考えるきっかけにもなると思うし……。これから成長していろいろを体験していく子どもたちにとってはいろんなものを吸収できる土台がここでできているのかなと思います。

一歳

一歳担任　武田麻理　0歳児クラスから進級した子が半分、一歳児クラスから入園した子が半分の一歳児クラス。0歳から保育園にいた子は散歩先で「これは食べられるものだよ」とか言

います。散歩先で畑になっているトマトやナスやキュウリ、またムカゴなど散歩先で見つけたものを小さいときから食べ慣れていたというか、そういう子たちを見ていて、一歳児から入園した子は自分もまねをして食べられる、そういうつながりが一歳児クラスにはあります。また私たち大人が食べられるものと食べられないものを勉強して認識して自身も食べてみて、というように私たち自身も子どもと一体化して食べてみたりすることで、それが信頼関係につながったんじゃないかと思います。

一歳児クラスのテラスにはチューリップや朝顔、トマトやナスなどを植えてあったのでふだん目に付きます。子どもたちの目線に自然物があることで散歩先に行っても、「保育園のテラスにあるトマトと同じだね」とか、そういう言葉がけをすることで子ども自身がもっともっと興味を持ってさわったりいろいろ感じてくれているのではないかと思っています。

一歳担任　犬木千絵　身近にそういう食材があって小さい頃からそれと触れ合って豊かな体験をしているのではないかなと思います。

■二歳

二歳担任　真木千壽子　二歳児は、田んぼ作りで泥んこをこねているときに行ってみて、一緒に泥んこに触れてみて、騒いで、真っ黒になってと、そういう段階なんですが、それが稲がどんどん大きくなって穂をつけてというのを端で見ていて、また年中さんや年長さんが穂を一つずつ指で絡めて採っているのを見て僕たちもやりたいということでちょっとそういうお手伝いもしました。二歳児はとても指先の力もなく途中でダウンしてしまったんですけれども、そういうこともありました。

あと、イチゴを子どもたちがめざとく見つけて青い実から採って食べたりして。子どもたちが自分でこれは食べられる、これはまだ早いというのを少しずつ、食べながら触れながら自分で理解していく、そういうこともできるのですごくいいなと思います。

園舎の周りにあるクリ、カキ、ビワ、園舎に枝が伸びてきたのを私たちもいただくのですが、クリなんかも子どもたちが落ちたイガの中からクリを靴や棒で取り出す、それがすごい宝物になります。

飼育の方はお手伝い程度なんですが、いろいろなことに気付いてきている段階です。ウズラの卵がかわいいので驚いたり、ウサギのエサやりのときにウサギがつついたとか、ウサギのウンチが小さいのに気付いたりして感動する。ナツの散歩のときにもナツの力がすごく強いのに感動する。引っ張られるので喜んでついていっているんですが、ウンチで発見なんです。ウンチの中に何かもやもやしたものがある、どうして？　と。そこから始まって「みんなウンチ」という絵本があるんですが、「みんな食べるとウンチがでるんだよ」と話すと、今度は自分がトイレに入ったときウンチをするとのぞき込みながら見ているんです。食べるだけでなく排せつのことにも気付いていくのはすてきなことだなと思っています。

何よりも土と触れる、土を掘ればダンゴムシがいる、ミミズがいる、それに触れることで自然の不思議さに触れる。「自然てすごいなあ！」と心の中で感じて育っていければいいなあと思います。

二歳担任　今井美穂　子どもたちが、実でも青いとまだ食べられない、それが赤くなると食べられる、それを子ども同士で教え合っている。「青いからまだ食べられないよ」と教えながらも食べている。まだ緑のを食べて「酸っぱい」と言いながらも「でもおいしい」と言いながら食べている。

また三歳児がナスの水やりをしているのを見ていて、僕もやりたいと言っている。来年楽しくスタートできればいいなと思っています。

■三歳

三歳担任　金澤啓子　三歳児クラスでは大きく三つの柱、①土と野菜の関係、②野菜の育っていく過程、③育てた野菜を自分たちでおいしく食べる、ということを大切に取り組んできました。

子どもたちも乳児の頃から第八の畑を見ながら育ってきていて、そこで今まで幼児さんたちがやっていた枝豆やキュウリをみて、自分も幼児さんになったらできるという期待もあって、三歳児クラスになったときに、じゃあ自分たちでやっていこうと子どもたち自身喜びながら取り組んできました。

土と野菜の関係、言葉にすると難しいのですが内容的には大それたことではなくて、野菜を

育てる土のなかにはミミズやダンゴムシがいて、そういうところで野菜は育っていく。子どもたちは土遊びが大好きだから、男の子は虫にもすごく興味があって、土の中からミミズやダンゴムシが出てくるのが大きな発見で、耕すときもまずは虫を探すような感じで、掘れば虫が出てくるというのが子どもたちには発見だったようです。

野菜が育っていく過程では、採ってすぐ食べられるものを、とにかくいろんな種類を植えました。子どもたちが今まで畑を見てきてこんなのもある、あんなのもある、これもやりたいね、あれもやりたいねと言っていたらかなり種類も増えちゃって、キュウリ、トマト、枝豆、ナス、ピーマン、イチゴ、それから秋には大根を植えて、と、沢山の種類を植えました。

植えるところでは種や苗はどんなものか、手にとって形を見たり感触を確かめたり、においをかいだりしていきながら育っていく過程に気付いていきました。

中には植えればすぐに野菜ができると思った子もいて、お昼寝から起きると「あ、もうできているかな」って言って、植えたばかりの苗を引っこ抜いて見てみる姿もあったり。前半でそういうことをいろいろやってみて、大きくなって実が付いてこないと食べられないということもわかってきて、またその野菜が大きくなるには栄養だねえ、ご飯だねえ、と肥料もやって。その肥料も鶏ふんとかで「くさーい」とか言いながらしていたんですが、この臭いのが畑の栄養なんだからと、いやがることもなく積極的に取り組んでいたと思います。

まだ青いと食べられない、これがもっともっと大きくなって色が濃くなったら食べられるというのがわかってきて、中には待ちきれずに食べてしまうこともあるんですが、食べてみて、「ああ、まだこれはちょっと違う」というのがわかってきて、もっと大きくならないと食べられないというのがわかってきたようです。

自分たちで一生懸命育てて、誰もこれはいやだとか言うのがなく、ほんとに子どもたちは収穫したものをよく食べていました。キュウリとかトマトは給食で出てきても「あ、キュウリだ、トマトだ」とみんな一番に手をつけて食べていた。ああ、これは畑で関わっている影響があるんだなと思いました。

後半は、今までは多くのものをみんなで育てて食べていたんですが、自分の大根を一本ずつ植えてみんなで育てていこう、と植えました。生育や大きさはバラバラなんですけれど、やはりこれは自分で植えたものということが励みになっているようで、一生懸命水をやったり、畑の中に入って様子を見たり。友達と大きさを比べたり育っていくのを比べたりというのも、子どもたちの中で話が聞こえたので、「ああ、そういうことも気が付いているんだ」と解ってきました。

野菜はとってもよく食べるようになったし、一生懸命お世話すれば大きくなっていくということでは、子どもたちも私たちも楽しみながら取り組めてきたなと思います。

(「大根の植え方は大間違い。本来は直接畑に種をまき、芽が出てきたときにうろ抜く(間引く)。芽が出たものを土に移すと大根が曲がってしまうことがわかりました」後日談。)

三歳担任　松浦奈緒　畑作りを始めて苗を植えるという四、五月の段階では、土の中から野菜が出てくると思っていた子が何人もいて、一生懸命土を掘って「トマトでてくるかな」「キュウリでてくるかな」と言っていたんですが、自分のクラスの目の前の畑で野菜がすくすく育っていく過程を見ていく中で、子どもたち自身が自分の目でいろんなものを見て、いろんなことを感じて気付いて、成長のあった一年だなあと思いました。

まだ三歳で、幼児用のくわとかもなかなか一人では使えないんですが、大人と一緒にそういう昔ながらの道具に少しずつ触れる経験もできました。また、近所の農家からいただいた渋柿を干し柿につるすという、昔から伝わっているものにも三歳という年齢で経験できて、生活の一部にそういう経験があったのはとてもよかったと思います。大事にしていきたいことです。

■四歳

四歳担任　丸山　綾　四歳では春からピーナッツ作りをしてきました。五月連休明けから土作り。肥料と黒土を混ぜて、ポットに種をまいて苗を作って。六月に苗を畑に植え替えて、畑で葉が生い茂ったり花が咲いていく様子を見て、花の下から子房というひげのようなものが出てそれが土に潜って実ができるというのを発見して、絵本などを見て確かめて。九月になって実ができ始めてサヤの模様ができてきて十一月に収穫という、半年近い期間にわたる長い長いピーナッツ作りだったんですけど、子どもたちはちょっとした変化も見逃さなくてよく見ていたし、見つけるたびに「あ、今日ね、実ができていたんだよ」とか「花が咲いてたよ」とか「ひげが伸びてたよ」とか、ちょっとした変化も気付いて見ていたことがよかったと思います。そして、自分で見つけるだけじゃなく、見つけたら周りの子にも教えてあげていました。

夏にはキュウリとトマトも植えました。キュウリなどは採ったら水で洗って自分たちで包丁で切って食べました。自分で採ったものを自分で調理して食べるという一連の作業の中で、自分でやったんだから食べたいという気持ちが出てきたみたいで、キュウリが苦手だった子が食べられるようになりました。

料理保育の回数も多かったですが、土作りから始めて苗を植えて、育てて、収穫して、自分で調理して、口に入って、それが自分でやったからとてもおいしかったという経験がすごくよかったと思っています。

特にピーナッツは長い期間育てた中でちょっとした変化も子どもたち同士で教え合って、その中で仲間意識もすごく高まってきたんじゃないかなと思っています。

■五歳

五歳担任　酒井真由美　五歳クラスは、梅干作りと稲作が中心でしたが、例年どおり夏野菜や冬野菜の栽培にも取り組んできました。

土作り・畑作り・田んぼ作りに関しては年長組ということで三歳四歳の経験があるので、こちらがちょっと言っただけで今までのことを思い出して土作りをしたりしました。どういうものとどういうものを混ぜるのか、黒土、腐葉土という言葉も記憶の片隅にあるようで、それを思い出しながら、においを楽しんだり感触を楽しんだりしながら田んぼを作ったり畑を作ったり。ほんとに楽しんでる姿が見られました。

今年新しい取り組みとしては、前の年長さんが作った米の残り、種もみの発芽作業から取り組み、自分たちで苗を作ってみるということにも取り組みました。それもすごく新鮮で楽しかったようで、どんどん育っていく様子を興味深く見ていたり、発泡スチロールに水がなくならないように一生懸命水をあげたりしました。で、その第八で育った苗と、いつものように取り寄せていただいた苗で田植えをしましたが、雀の被害にあったり、台風の被害にあったりして、それを心配しながらもみんな一生懸命水を張ったり、また水をあげなくてもいい時期がきたら、それは大人の方が教えるんですが、そうすると子どもの方も理解して水は張らなくていいとわかって、収穫の日を待ちました。自分たちで鎌を使って収穫して、干すのも束ねるのも自分たちでやってみて、と本当に今までの経験があったからこそ分かって、自分たちで楽しみながら理解しながら取り組めた米作り・稲作だったなあと感じています。

もみすりも自分たちで楽しみながら、きねとうすですってドライヤーでもみ殻を飛ばすという、前の年長さんのやっていた方法を伝授してもらって自分たちでやりました。その作業が終わったら精米。自動精米器にかけて、かける前とかけた後の色の違いを目で見たりさわってみたりして、このくらいの重さになったよとみんなビニール袋を持ってみたりして。今度

食べる日をすごく楽しみにしています。

田んぼの後、土を耕うん機で耕す作業も子どもたちが一緒に見たり、自分たちで機械に触れてみたり、自分たちも農機具（くわ）を使って耕してみたりしました。

そのあと今度は冬野菜、大根や赤カブを植えましたが、土が硬くて大根などが思うように太らないというのを子どもたちは気付いてきて、ちょうど今日その大根を全部抜いたところです。このままでも太れないし枯れてもかわいそうだからねということで。これもさあどうやって食べようかと、これも楽しみにしています。

例年どおりの夏野菜も今年は、去年四歳のときに作った味噌がちょうど夏にはできあがったので、自分たちがつくった味噌で、ナスに味噌をつけて食べたりキュウリを味噌であえて食べたりいろいろ味を楽しみました。また、ホットプレートを出して焼いて食べたり、レンジでチンしたり、鍋でゆでて食べたり、子どもたちでいろいろ考えたり私たちの方で工夫したりして食べてみました。

みんなで菌を植えた椎茸園（園舎の裏手につくってある）で採った椎茸も喜んで食べました。おうちの方から「家で食べないのに保育園では食べられるんですよ」とか「今まで食べられなかったんですけど保育園で食べられるようになりました」という声も多く聞かれ、子ども自身からも聞きました。そこが魅力の一つで、自分たちで育てて、見て、採って、味わって、ということのいいところの一つだなと感じました。

梅干も長い時間をかけて作りました。お店では簡単に手に入るけれども、つくるまでの作業、へそを取ったり、体が汚れたり洋服が汚れたり、手がしょっぱくてしみたりと、全身で感じて長い期間をかけながら梅干作りをしました。それが給食に出てきて種までかんで食べたりする姿を見て、またシソはゆかりにしましたがそれをご飯にかけて食べる姿を見て、これは保育園じゃないとなかなか経験できないことだなあ、おうちではなかなかやらないだろうな、小学校へ行ってもなかなかやる機会がないだろうな、とすごく感じています。

よもぎもちを作る

栄養士・看護師から

栄養士　小山綾子　子どもが自分たちで育てた野菜を調理室に持ってくる場面が、食農保育と調理室の一番の接点になります。普通に仕入れた野菜で調理したときは好き嫌いがあったりしますが、自分たちで収穫した野菜を持ってきて、調理してくださいと言ってくるときはうれしそうで、食べたあともおいしかった、今日は食べられたんだよと報告に来たりします。

子どもたちが持ってくる量は百数十人分の調理の中でほんの一つかみで、仕入れた野菜を混ぜて調理して出しているのですが、子どもたちは例えば今日給食に入っているナスは全部自分たちが作ったナスだと思って食べているのだと思います。好き嫌いを押して食べられるというのは、自分たちが作ったんだという満足感がそうさせているのだろうと思います。

看護師　下山富美江　乳児クラスは直接育てたりはしませんが、幼児クラスが育てているのを遊び感覚で見ていて、みんなが楽しんでいる様子を感じます。

梅干やゆかりは小さい子は食べないように思いがちですが、例えば0歳児の食事でも、体調がよくなかったり、例えば魚などは食べやすさ食べにくさというものもあり、食材によってはだんだん慣れていく過程なので、梅干やゆかりが出てくると食欲が増して食べられたりします。

また、散歩先では、給食でお皿に盛られたときは食べられなかったものでも畑のトマトなど丸かじりして食べられたり。実っているのを見てその場で食べるのは魅力的なのかなと思いました。

今は家庭で野菜を作ることはほとんどないし、店でも旬のものでなく一年中野菜が出回っているような中で、保育園の中に畑があり、散歩先でも新鮮なものを食べられるのは、体にもよいし生きる力たくましさにもつながっていると思います。

乳児から幼児へのつながりは――

副園長　野村明洋　乳児と幼児の流れが見えてきているし、つながっている。麻理ちゃんは以前年長組を持っていて今年一歳児を持って、その違いやつながりをどう見ますか？　乳児の段階のことが幼児になったときの活動を支えるなど。

一歳担任　武田麻理　私が五歳児を持っていたときはまだ畑もこんなに広くなく活動自体もまだ最初の頃で浅くて、私自身も手探り状態のことが多かったと思います。

今は五歳児など幼児クラスが畑のキュウリなどをおすそ分けという形で持ってきてくれるこ

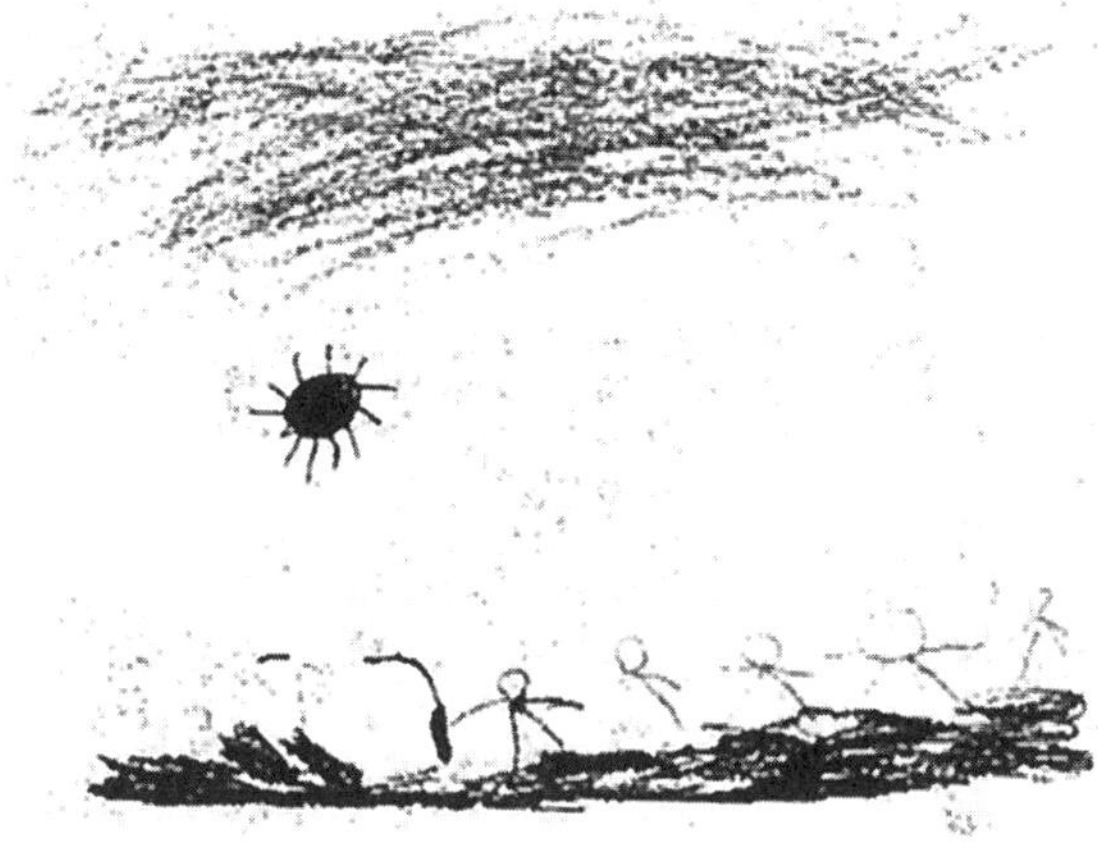

とが多く、そういうところで五歳の子たちが小さい子に「食べてね」と話しかける姿とか、そうするとお兄ちゃんお姉ちゃんが持ってきてくれたものとして小さい子たちも興味を持って食べてくれるとか。

五歳児など幼児クラスでは諸々の過程で「がんばって食べてみよう」という力が芽生えてくることが多いのですが、0、一、二歳は、まだ食べたくないとか興味を示さないとか、まだそういう認識が芽生えてくる過程にあると思っています。私たちが一番大切にしたいのはそういうときに無理強いをしないで、一つの興味を抱かせるように「こういうこともあるんだよ」と伝えていく、そういう姿勢が大事だと感じています。食べなくても他の子が食べているのを見ているだけでも何かのきっかけになるんじゃないかな、ということで。「酸っぱい」とか口にしてみて出しちゃうところでも、酸っぱいけれども食べられるんだとか、甘くておいしいとか、そういう認識の部分が大きくなるにつれて成長していくんじゃないかなと感じています。

副園長　野村明洋　おすそ分けなど他者との関わりや集団の成長について、五歳はどうですか?

五歳担任　酒井真由美　本当は採れたときには自分が食べたい、見つけたときには自分が食べたくてはさみとかごを持って採りに行く。独り占めしたいという子もいるんだけど、採り終わったあとに自分に言い聞かせるように「これ洗ったらみんなで食べていい?」と聞くんです。たくさん採れたら事務所に持っていくとか調理士さんの所へ持っていくとか別の喜びも見つけていったし、ちょっとしか採れないときはこれはみんなで分けて食べる、というような姿は見られました。

今回すごく感動したのは稲刈りのとき。子どもたちがすごく力になって活躍してくれました。それは経験と年齢的なこともあると思いますが。危険がないようにこちらは注意して見ていましたが、稲を刈るのをずーっと楽しむ子、刈るのを一通り楽しんだら今度は束ねるのを楽しむ子、束ねるための紐を切ることを率先してやる子、束ねたものを大人の所に持ってきたり自分で鉄棒の所に掛けたりする子。僕が私がというのでなく、分業というか分担というか、まるでバケツリレーのようにやっている。こちらが何も言わなくてもできていたことにびっくりしたというか感動しました。こんなことまでできるようになったんだと。普段は僕が私がと順番争いなどするんですけど、一つのことをみんなでやり遂げたあとの達成感みたいなのが楽しさとか喜びにつながっての姿かなと思って。稲刈りのときの姿を見て、それも自分たちで育てて収穫する魅力の一つかなと思いました。

園長　倉田　新　もう何千年日本人がやってきた稲作文化の労働みたいのがそのときに出たんですね。

五歳担任　酒井真由美　分業制みたいな。あなたはこれやって、何グループはこれやってとかいうのでなく自然発生的にそうなって。結局最後には大人がきつく縄を縛ってやるとかはあるんだけれど、とりあえず全部子どもに任せてみたら、バケツリレー的に子どもが、どんどんどんどん、楽しみながらやっているというのがすごいなあって。これって積み重ね、作業の積み重ねではなくて（小さいときから）畑の仕事をしている大きい子を見てきたからこそ育てるのにも収穫することにも意欲が出る子どもに育っていったのかなあと、今回感じました。

副園長　野村明洋　五歳は活動作業も多く、助け合わなければできないという中でうまく進んできました。積み重ねが成果を生んでいるのを感じました。

去年五歳を見て今年四歳を担当している由美ちゃんは、その辺のつながりをどう見ますか？

四歳担任　村上由美子　四歳は干し柿にしろ稲刈りにしろ、一人一人自分でやってみたいという気持ちが強いです。一回はやってみようという気持ちがみんなあって、道具や稲に必ず触れてやってみる。やれば楽しい。まだ「僕がやりたい、私がやりたい」となっちゃうんですが、一回はやってみたい、その分表情がすごく豊かです。大人がやるのを見て次は僕がと、また友達がやるのを見ていてこうやるんだよと教え合う。私たちは彼らがやるのを見守っているだけというふうで、自分たちでやってできたよと持ってきてくれるというような具合でした。

五歳の年長さんと一緒にやっていく中で、年長さんになったら一番大きいところをやろうねとか、自分たちも年長さんになったらあれができるんだよね、これができるんだよね、というふうに期待も持っているんです。来年はかなり楽しんでやってくれるんじゃないかと思いますし、結構自分たちでこうしたいという声があがっていくんじゃないかと思います。

副園長　野村明洋　遊びと労作の中間くらいの所を、五歳で十分やっていける、その前段の四歳でいろいろを楽しんでやれる。二歳から三歳、啓子さんは今年始めて幼児クラスを持ってどうですか?

三歳担任　金澤啓子　二歳のときは規模も小さく、でもイチゴやミニトマトに関わってきました。庭で育てているのを見て、育っていく状況を見ていて、まず「あ、こういうのがあるんだ」「これ色が付いておいしそう」とだんだん興味が出てきたのが二歳のころ。だんだん自分たちもできるというのがわかってきて、まだ何となくなんだけど関わりができてきたのが三歳でした。

三歳でも前半と後半では子どもたちの視点も違い、後半になっては一段とわかってくることも多くなってきて、だいぶ見通しがもてるようになってきました。年長さんたちが畑や田んぼ作りをしているのを見て、今度は年中さんになったらこういうのができるんだという期待というのが入ってきているので、同じ所を見ているだけでも子どもたちの中では大きな成長を感じます。

園庭に畑や田んぼを作る

副園長　野村明洋　畑も田んぼも最初はもっと小さかった。0歳から五歳まで身近なところで育つのを見られるようにという夢があって、こういう風に作ってきました。今年度は三、四、五歳の畑も整理されてきました。身近なところで畑を持つという環境についてはどうですか?

三歳担任　松浦奈緒　子どもたちがあぜ道で好んで追いかけっこをしたり、畑の狭いところを、麦畑の細いあぜ道をねらって三輪車を入れたり。子どもたちにとっては隠れる場所にもなっている。稲が自分より背が高くて隠れたり野菜の実を身近で見たりして過ごせる。私が小さかっ

たときにも自分の背より高い草の間を走り抜けるなんて滅多にできない経験で、自分の家の田んぼの稲刈りのときにそういうのが経験できて、年に何度かのうれしい体験でした。子どもたちもそういうふうに感じてくれているんじゃないかなと思います。

畑が特別のものでなくて生活の一部としてそこにある。生活の一部になっているということがすごく意味深いと思います。出ていってどこかに借りた畑では違う、どう違うか、私もそこはわからないんですけども、なんか違う。田んぼに靴がはまっちゃったりとか、いろんなハプニングや楽しい経験をしていけるのもそこに田んぼや畑があるからかな、という感じがしています。

園長　倉田　新　第八のこの環境というのは最初からあった訳じゃない。僕らが来たときにはほんとに何もなかった。それをこつこつつくってきた。今の環境は子どもにとって、まあよい環境になってきたけども、これはつくり上げてきた環境です。近所を見たって里山があるけれど里山だって人間がつくり上げてきた環境。自然の中を開拓しながら。それはこういう風に変えていこうという意志があって変えてきたんです。第八もみんなの意志、意識があってこの環境をつくり出してきたのだと思う。だから毎年毎年それぞれの職員が今年はスイカやりたいとかサトウキビやりたいとか変わってきてどんどん変化してきた。そこには僕ら大人の保育に対する強い意志がないとできない。どんな田舎にあっていい環境にあってもできないことはできないし、都会にあってもできることだと思います。

環境の中で稲がしっかり根付いてきたように、僕らの意識の中でもそうした意識が根付いていてきたと思うのですけど。どうでしょうかそのあたり。

二歳担任　真木千壽子　それはこの五年間ですごく変わってきたと思います。最初の頃は「あらまあ、園庭削って園庭がどんどん狭くなる」って親の方からも心配の声が出ていましたけど、稲が実り豊作で、それをいただく中でみんなの気持ちも変わってきたと思うんです。

副園長　野村明洋　子どものための環境というところで「食農」をとらえたい。今回はよい面が出されましたが、これからもっと子どもにとってよい方向へ持っていくためには課題もあると思います。それについては次回以降出していきたいと思います。今回は他のクラスや他の職員の考えをお互いに知ることができました。クラスに持ち帰ってさらに検討をして次年度につなげたいと思います。

（文責・大木有子）

（この節に掲載した絵は、第八保育園の五歳児が描いたものです。同園の卒園文集から転載しました。）

第3幕　食農保育の展開

1 詩的瞬間を生きる子どもという表現者たち
——菜園アートの誕生

自分から関わっていきたくなる環境

私が第八保育園と出会ったのは、一九九九年の田植えの頃からでした。菜園の中で子どもと一緒に絵を描かせてもらったり、一緒に泥んこになって遊ばせてもらったり、ちょくちょく訪ねて入り浸っています。

私は造形活動が専門で、「造形活動を通して、自然や生命との関わりを考えてみたい」という考えがあって、子どもの中に入ってそういう問題を考えていくと、見えてくるものがたくさんあります。子どもと一緒に絵を描いたりしていると、「人間というのは、人や自然と一緒に生きたいという気持ちを本能として持っているのではないか」と感じるのです。それを子どもは特に素直に出しています。

保育の中では、自然環境というものが大切だということは誰もが感覚的にしろわかっていると思います。問題なのは、「それとどう大人や子どもが関わっていくか」という点です。例えば、大人の発想では、園庭に何もないと、すぐにそこに実益にかなったものや人工の建物を建てたり、造ったりしようとしますが、何もないからこそ生み出されるものがあるはずです。主体的に子どもが何かを生み出したくなるような環境をつくることが大切だと思うのです。第八保育園の園庭には、子どもが生活や文化を創る、生み出すということに対して前向きになっていくような環境、関わっていきたくなるような環境があるように思われます。

ファンタジーにあふれた共同制作の物語絵

共同で描くことで感覚を共有する

収穫のころ、園庭の菜園に大きな紙を広げてみました。するとキュウリやトマトを採ってかじっていた子どもたちが、次第に絵を描き始めていきました。最初は大きな紙の中に自分のテリトリーを見つけ、自分の場所でそれぞれが野菜との関わりや出来事を描いていました。やがて子どもたちは他の場所へ移動したり、余白を見つけて描いたり、仲間の線と交わるように描いたり、共同で描いたりと、その絵は、菜園のキュウリやトマトをともに育てた生活の体験が共通のイメージをつくり、共同制作の絵となっていきました。さらに子どもたちの絵は、トマトが赤い地球や青い宇宙となり、水色の筆跡は怪獣の足跡となり、様々な物語を描きながら創り合い、イメージを広げ合って、その絵はファンタジーに満ちあふれた物語絵となっていきました。そして、紙が絵の具で飽和状態となりもう一枚新しい紙を用意すると、一人の子がその真っ白な紙に絵の具を筆で落としました。すると周りにいた子どもたちが、「わーきれい」とつぶや

「太陽」
丸を描き、周りに手で光を描いた。明るく健やかな彼らの様子が伝わってくる

き、それぞれの子がそれぞれの色で絵の具をたらし合い、たちまち画面には色とりどりの絵の具が飛び合い、重なり合い、「今を生きている」ことをこん跡として残すように色彩豊かなアートができあがり、最後に一人の男の子と女の子がそこに青い丸と赤い丸を重ねて描き、作品を完成させていきました。その制作過程の中で、大人が「こう描こう」とか「ここをこういうふうにしたら」などということも一切無く作品はできあがっていきました。そして最後は、余った絵の具を自分たちの体に塗り合い、ボディーペインティングされた身体が、園庭に溶け込むように駆け回っていました。

たかだか数十分の時間でしたが、そういう空間や様子を見ていると、「共に生きていることの喜び」みたいなものをこの場所に感じるのです。この菜園は、子どもたちにとって、「自分から関わっていきたくなるような環境」であると思うのです。そしてここには、共通の生活体験が共通のイメージを湧き立たせ、それが菜園の生活が共同の絵になったり、その絵から物語が生まれ物語絵の共同制作となり、描くことでコミュニケーションするようにアートを試みていく様子がありました。子どもたちは、この菜園で春夏秋冬、様々な関わり方をし、土や水や命と交わる中でさまざまな経験をし、その関わる過程で多様な詩的瞬間を生きています。その関わりの豊かさが重要であると感じます。

田植え前の田んぼで、泥遊びしているところへ、紙を広げてみた。泥と一体になり、庭の環境と融合するように絵ができあがっていった

生と死に出会う中で自然と向き合う

私は、新聞や雑誌などで「共生」とか「美しい自然」とかいう言葉を見ると、逆に、しらじらしさを感じたり、表層的な言葉だなと思えてくるときがあります。そういう言葉にごまかされているのではないかと。例えば、美しい花が園庭にいくらあっても、美しさだけに寄り添うことはできません。結局、私たちの中にある人間中心的な意識に出会って、気付いて、そこから考えないと、自然と共に生きるということは見えてこないのではないかと思うのです。

例えば、あの子どもたちは、散歩に行くと虫を拾うわけです。その虫をどうするのかなと見ていると鶏にあげるわけです。「かわいいな」と思える虫が鶏に食べられていきます。彼らはそうして鶏を育て、その生んだ卵を食べ、菜園では、野菜を育ててその命を食べています。ときには大人の想像を越える残虐的なことも彼らはします。そしていろんな場面で、生や死に出会っていきます。私たち大人にしても排気ガスも出しているし、魚や肉も食べなければ生活していけないわけで、そういう人間中心で私中心な「生きるという欲求」を持ちながら生きているわけです。そういう本質に気付きながら自然と向き合うことが大切だと思うのです。その感じ方が子どもたちにも大事ではないかと思うのです。例えば、「生」と「死」、「私」と「他者」、「人間」と

「自然」、「個人」と「共生」、「美しい」と「汚い」など、互いが対極にある感じ方が対じしたところにあるのではなく、背中合わせなところに一つの総体となってあるような感じ方を子どもたちは持っているように感じるのです。

このような自然に対する感じ方の深さは、関わり方の深さだと思うのです。単なる牧歌的な関わり方だけでなく、泥とまみれて遊んだり、命を育てたり、生死と出会ったり、命を食べたり、ものを作ったり、想いを表わしたり。自然のモノや出来事との深く継続的な営みの中でこそ、その感じ方は深められていくのではないかと思います。そういう人間の本質と向き合いながらも自然と融合していくような営みの中で、人間や自然に対する感じ方や、見方や、考え方を、子どもたちは深めたり広めたりしていくわけです。

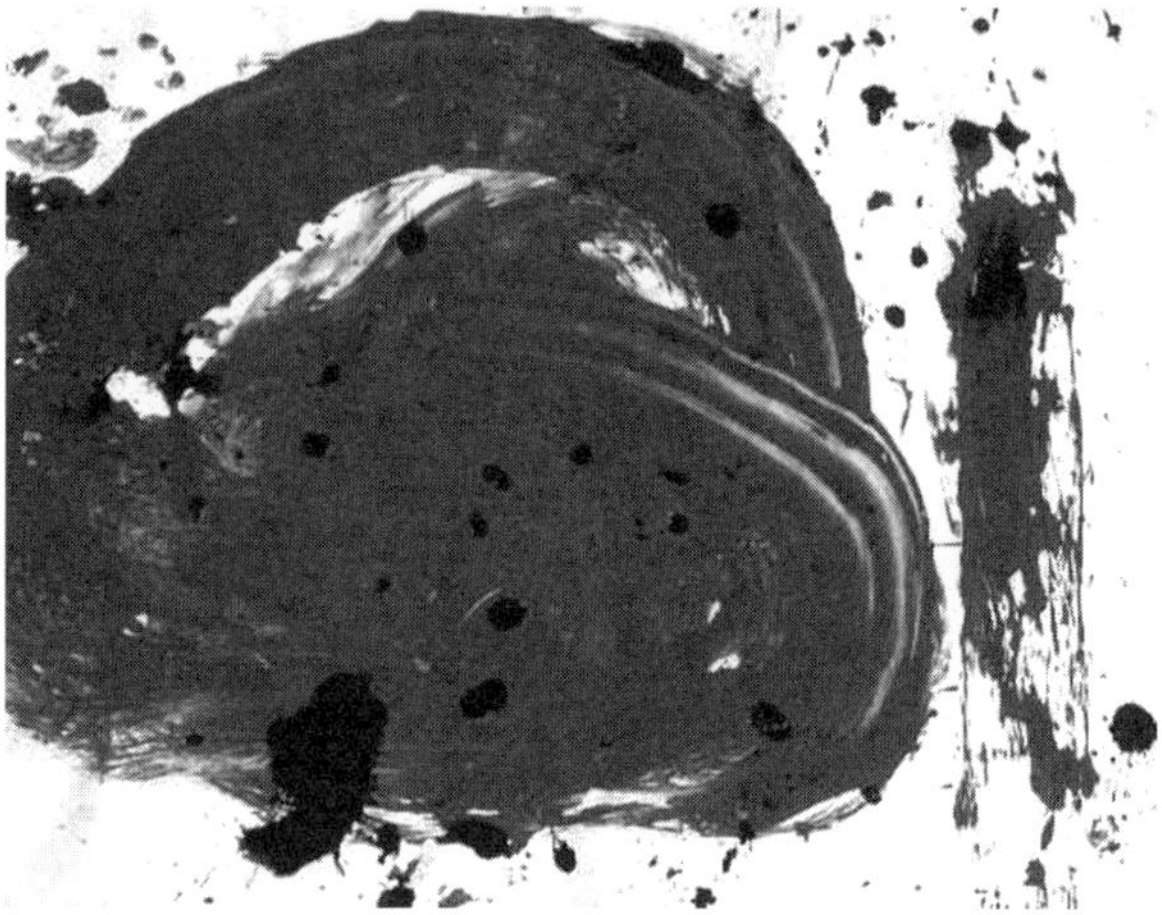

「宇宙」
禅画の円のようにいくつもの丸が描かれていった

詩的瞬間を生きる表現者

この実践が「何を育むのか」さらに一歩進めて考えてみたいと思います。それは、「人の生きる喜び」とは何だろうかと考えたとき、「文化を創る」という営みが、その一つにあるということを思うのです。何もないところから何かを創る、生み出すということに、子どもたちは大きな可能性を持っていると感じます。例えば、たかが保育室の前にある「一坪の小さな田んぼ」なのですが、そこへの関わり方次第で、子どもたちは活動を広げ、彼らなりの生活や文化を生み出します。「土を掘り、虫を見つけ、泥と遊び、畔に来る虫と関わり、稲を育て、収穫を喜び、その生活を絵にし、造形を生み出し、歌をうたい、太鼓をたたき、踊りをおどり」と、その活動は広がっていきます。

「風」
李禹煥《リーウーファン》（作家）に「風」という作品があるが、この子は無意識のうちに同じことを表現している

　人間はそもそも表現的身体存在であるといわれています。例えば、これらの絵は、園庭に作られた田んぼの中で泥遊びをしている過程で生まれてきました。田んぼの土をおこし、そこに水を入れていくとき、保育者と一緒に子どもたちも園庭にやってきました。最初、この子たちは田んぼの中に身を置き、泥を身体に塗り、心地よさそうに戯れていましたが、やがて、泥を田んぼのわきに持ち出し、団子やケーキを作り出しました。そしてしばらくして、田んぼのわきに紙を用意すると、多くの子どもたちがそこに泥で絵を描き出したのです。自分で水を容器に用意し泥を絵の具のようにして描く子や、描いた絵の上に砂をかけて色合いを出す子など、様々な工夫の中で描くことが起こっていきました。ある子は、力強く泥で丸を描き「うちゅう」と言いました。またある四歳の女の子は手に泥をつけ、紙をスゥーッとなぞり、「風さん」とつぶやきました。この子は、園庭に吹いている風を感じ、風と自分が一体化するように直線を描きました。この線を描く行為の過程で、彼女も風になってしまったように描かれています。園庭の中でこのように詩的瞬間に身を置いたとき、彼らは自分の存在を確かめるように表現者となっていきます。

絶え間ない「感じて表わす」ことの豊かさ

人間は、外のコトを感じるには、五つの感覚（五感）でしかそれを中に取り込めないと言われています。そして、その感じたことを、外に現わす（表わす）には、しゃべるか、身体で表わすか、歌うか、造形にするか、その四つしかないと言われています。子どもは、外の世界にあるものを感じて、その刺激を身体の中に取り込むことによって行為を生み出し、そして、その自分の行為で関わった環境（もの）の変化から何かをまた感じて行為を生み出していきます。そのような「感じて表わす」という行為を、絶え間なく繰り返しているのです。例えば一歳半ごろの子どもの前に、白い紙とクレヨンがあったとき、子どもは、まず白い紙と描画材という環境を刺激として感じ取り、それを手に取って点を打ち、点を感じてまた点を打ち、それを感じて線を描き、いつの間にか紙は縦横の線で埋め尽くされます。瞬間、瞬間に起こる線や色の変化を刺激として感じ、その刺激に連動して手を動かすという絶え間ない「感じて表わす」過程の積み重ねによって、線や形が生み出されているということが考えられます。そしてその「感じて表わす」という絶え間ない繰り返しが、子どもの見方や、感じ方や、考え方を豊かにしていくと言われています。

それは、クレヨンや絵の具や粘土といったものだけでなく、園庭の地面と水や、土や砂や、葉っぱや、木の実や、彼らの身の周りにあるすべてのものが彼らの感じ方を広げる「もの」となっていくのです。その素材の質として、自然素材は、テクスチャー（感触）や無限の色や有機的な形を持っているがゆえ、子どもたちにとってそれらは有効な素材であると言えます。そ

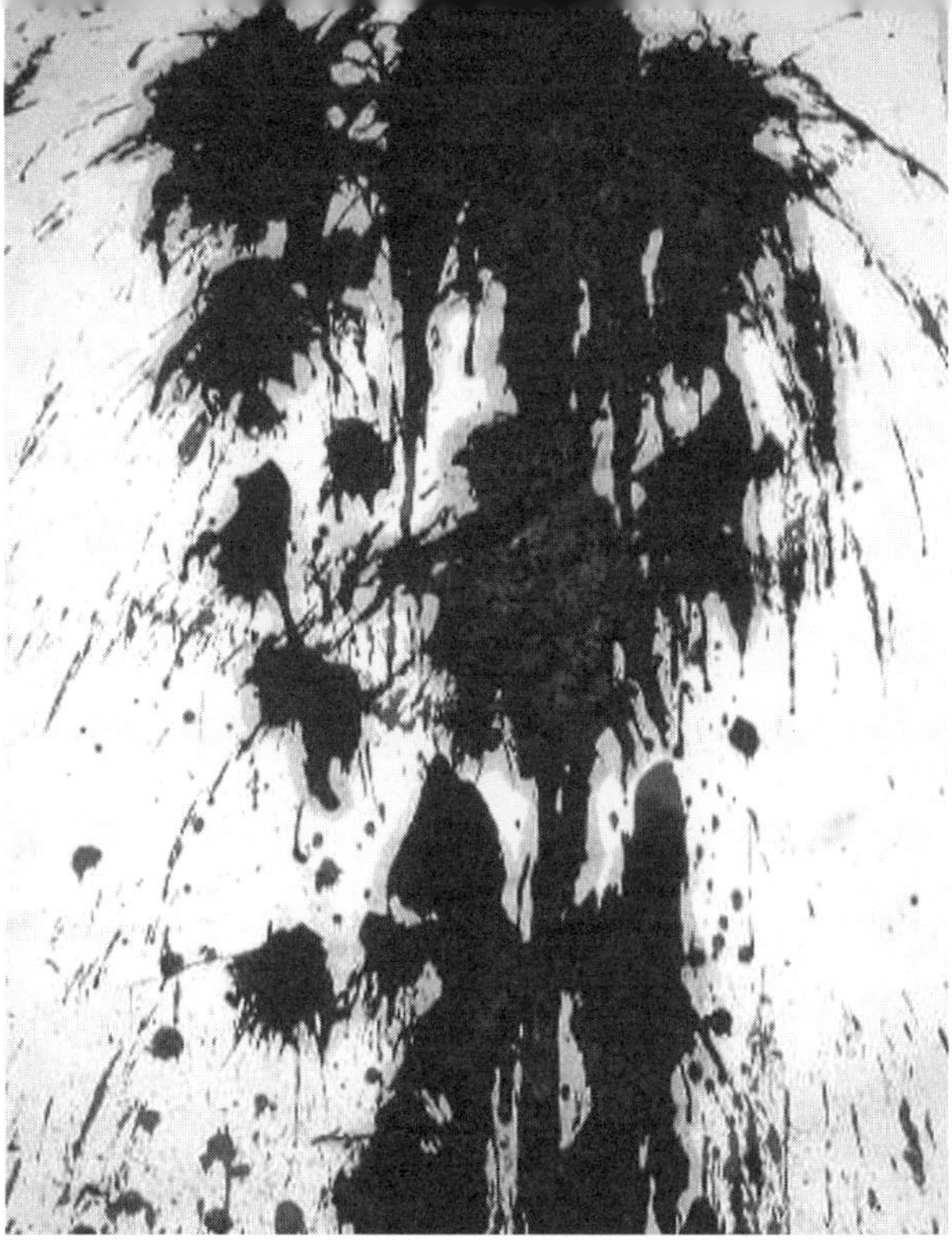

「花火」
真っ白な画面に一気に描いた。彼らの命のエネルギーが、生き生きと、ほとばしるように伝わってくる

して、それは子どもばかりでなく、大人についても同様のことが言えます。

環境は「ある」ものでなく「創る」もの

そのような「感じて表わす」という環境を生み出すには、「自分から関わっていきたくなるような環境」が必要となります。感じることの豊かさを生み出すそのような環境を大人が創ることが必要です。子どもたちにとっては、土や水や実や葉っぱというものもそうですし、虫や花や菜園の植物や動物たちの命もそうです。それをどう保障していくかといえば、そこに向かって子どもたちが関わっていきたくなるような「環境」を大人がつくるしかないと思うのです。特に都会では、「コンクリートで自然がない」「狭くて豊かな自然環境はつくれない」という言葉を耳にします。地方の園や学校でも、周りの自然と隔離するようにフェンスで囲われた硬い地面の園庭や校庭をよく目にします。環境は、「ある」ものではなく「創る」ものであると思うのです。自然はあればいいというものではなく、どう生かすかという大人の意識に問題があるように思われます。

（磯部錦司）

2 参加型学習と食農保育の意義

人間の生きる場所を求めて

食農保育の始まり、それは園庭を見た一人の保育者の「人間の生きる場所じゃないな」という感覚からだった。そこから始まった実践は、映画を通してみると「人間的」というよりは「ワイルド」な「共に生きる」命の姿を映し出している。人間は人間だけで生きているんじゃないという姿だ。たぶん、少し前までは、当たり前にあった風景なのだが。

懐かしい泥汚れの服に、土がすりこまれたほほ、日焼けた手の甲と、しっかりとした指先。五歳で、これほどの「働く手」を獲得できるのかと驚くような姿なのである。

園庭で野菜や稲を育てるのは、三歳児になってからだが、乳児たちも、そのワイルドに野生のものを口にする文化にはどっぷりつかっている。異年齢集団とわざわざ呼ぶのもおかしいような、交流がある。子どもが一日の生活時間のほとんどをすごす「生活共同体」である保育園だからこその「育ち」なのだと思う。

風にゆれる命、太陽に育てられるめぐみ、水を吸い上げる成長、そんな営みに四六時中触れ、そこから学ぶ、そんな「経験学習」を大人も共有している。保育者たちも慣れないものだから、すべてが「実験的」にならざるを得ない。だから、真摯に経験から学ぼうとする。どの保育者だって、たかだか五年の先行経験があるだけだ。子どもにえらそうな顔はできない。本の通りにはいかない自然相手にとまどい、挑戦し、「もっとおいしいもの」「もっと大きなもの」と目標を持って、工夫していく。子どもと共に。

食農保育と栽培指導は何が違う?

この保育園の食農保育と、農業教育や、理科の栽培指導との違いは重要だ。

これはわたしの感覚だが、農業教育は、生業としてすでに成立している農業における栽培・飼育の方法論と経済効率を、いまの社会に通用するレベルまで習得することを目標としている。それは農作物を「食べる」ことや「売る」こととして完結する。目標にしばられた教育である。

理科の栽培指導（あさがお、稲など）では、科学的思考と調査法などの科学教育の要素ははずせない。栽培経験から学ぶ「経験学習」ではあるが、その経験を積み上げるための「ふりかえり」「一般化」の方法論が、「科学的」であることが求められ、その習熟が目指される。よくいけば「ものの見方・考え方」「論理的思考」の育成につなげられるが、ともすると、形だけの栽培体験ということになりかねない。

あるいは、安全な食べ物を食べるための農業を、教育現場（保育園、幼稚園、学校など）が併設している場合もあるだろう。その場合も、農業は「作物作り」という目標にしばられたものになってしまう。

東村山市立第八保育園が実践している食農保育は、「生きる」ことの共有をめざす「育ち合いの場づくり」なのだ。それは、「自然」の中で命に触れるという教育と同じだろうか? やはり、違う。自然は、複雑にすぎるのだ。里山は確かに人工のものだし、人が手をかけている自然だ。しかし、その営みですら見えにくい。自然がどのように生き物を育み、互いを支え合っているのか、それを知ることは難しい。そしてその中で「生活し続ける」こと、そのための知恵を身につけることは、かなり大変だ。

保育園の園庭で、人間が「育てている」自然の中で生活することに、乳幼児の発達段階ではとても意味があるのだと思う。乳幼児もまた、種であり、苗であり、保護が必要な存在だからなのだろうか。これは立派にくわをもって稲刈りする子ども、育てる側である子どもに対しては、失礼な言い方なのかもしれないが。

来年度からは、残飯の堆肥《たいひ》化をすすめ、循環型食農保育の実践をめざすとか。「実験的であり続けること」、保育士が「挑戦し続けること」「失敗すること」が大切な、子どもたちに見せたいことなのだろうと思う。つまりは、挑戦すること、失敗すること、修正すること、そのようにして続いていくことが「生きる」ということなのだから。

『森の中の最後の子ども*』——自然欠乏症が子どもを襲う

同じような時期に、同じような関心は共有されているものだ。昨年米国で出版され、環境教育者の間で話題になったのが自然欠乏症についての問題提起をしている表記の本だ。

著者は、子どもたちの遊びの「脱自然傾向」と「自然遊びの犯罪視傾向」という、子どもたちの遊びの質の側からと、わたしたちの社会の傾向の両方からの変化として、いまの子ども時代の変化を描き出す。そして、それらの「自然欠乏」状態が、子どもたちの病理の原因なのではないかと、学習困難児たちに対して自然体験が持つ効果を例証しながら、類推する。自然体

* Last Child in the Wood　Saving Our Children from Nature-Deficit Disorder
Richard Louv, Algonquin Books of Chapel Hill, 2005

験は「五感、パターン認識、生命親愛、観察力、そしてセンス・オブ・ワンダー、創造力」を育てるし、何よりも子どもに「場とのつながり」という自信を与えてくれるという。そして、自然体験には人工的な環境にはない「退屈さ」や「遊び（ハンドルの遊びというような意味での）」があるという。人工という構成されきった、計算されたものにはない特徴があるのだと。だから、自然体験は、これまで考えられていたような「余暇時間」ではなく、必須の体験であり、必要な投資だと著者は言う。

「自然欠乏」という点では日本でも同様のことが起こっている。近づくことができないようにフェンスで囲われた川。きれいに整えられた公園。整備された遊歩道を歩くだけの山歩き。さまざまな感覚まるごと、自然を体験するということの中に、食農保育が実践している「耕す」「食べる」というのは必須の項目であるように思う。自然対人間という対立の図式、二元論的なアプローチを西洋的と言ってすませてしまっても由なし事ではあるが、自然体験の大切さには同意しつつも、手をかけた自然がほとんどである日本という場においては、自然への手のかけ方を学ぶのも、重要な気がしている。

保全的な態度であれ、手をかける態度であれ、自然との関わりが、子どもたちの環境統制感、場の感覚や場の知識、場の活用という自信と畏怖心を育むものであることは間違いなさそうだ。

人類共通の問題解決に向かうための教育＝変化のための教育

子どもたちの自信と自己決定が育まれている食農保育の先に、わたしたちは何を見るのだろうか。

上映会に参加していた当園の保育者たちが「失敗」「反省」など、最近わたしの身の周りでは意識して使わなくなった表現を多用するのが、気になった。

「ちくしょー、うまくいかないなー」と大いに悔しがることもいいではないか。それが次の工夫や挑戦につながるのであれば。つねに前向きに、つねに建設的に、つねにうきうきと歩いていく、そんな子どもたちの姿を実現していくためには、指導者の意識改革が必要だ。つまり、実験的であり続けるためには「失敗」ではなく「見えてきた課題」、「反省」ではなく「ふりかえりから改善へ」というように意識変換をしていく必要がある。なぜならば、「実験的」であるということは「未完成」「不完全」「未熟」ということと切り離せない、しかし、人間の健康さの中には「自信」「自負心」「誇り」が必要だからだ。

あの保育者たちの「反省」の姿勢・態度・からだからのメッセージには、日本社会の内省的で陰にこもって「リスクを避け」「変化を好まない」傾向はなかっただろうか。

なぜ、わたしがそんなことにこだわるのかということの背景には、わたし自身のファシリテーター（参加型学習によって参加者の気付きと学びを「促進」する教育的指導者）としての長年の経験がある。

わたしが代表をしているERIC国際理解教育センターは、日本で最初に「参加型アクティビティ」という、学習者中心のテーマ設定と作業的な学習方法による国際理解教育のあり方を紹介した民間団体である。一九八九年に設立されたとき、翻訳出版したものが『ワールド・スタディーズ』で、そこで、「参加型」という言葉をはじめて使ったのだ。人類共通の課題について学び、問題解決のための行動をする意欲を育てる教育は、環境教育、開発教育、人権教育、平和教育などどの分野においても、参加型学習を共通して取り入れている。それは、生涯学習社会における「新しい学習課題」についての教育に共通する「気づきから行動へ」「Think Globally, Act Locally」という教育理念とその理念に合致した教育方法として一九八〇年代に、国際的に推進されてきている。

これらの教育、学習に共通する問題意識は、これまでどおりを続けるわけにはいかない、わたしたちの社会は「成長の限界」に直面しているのであり、大量生産大量消費の高度産業社会という「近代」は「近代化」されなければならない、ということである。それを「人間化」と呼ぶこともあるが、それは自然と対立する概念としての人間ではなく、地球が生み出した多様な生命の一つとして、地球を意識化することのできる唯一の生命体としての人間という意味での「人間中心主義」であった。近代科学という自然と人間を対立軸でとらえ、自然を操作的に考えるその科学そのものの批判も含めての「人間化」ということである。

対立できない日本の風土

国際理解教育というのは、環境教育や開発教育などと同様に、まさに教育の人間化という取り組みから生み出された参加型学習によってたつものであった。しかし、日本社会において参加型学習を広めようとする中で、わたしたちは大きな矛盾と葛藤《かっとう》に出会ってきた。日本社会では、ともすると教育は「社会の伝承」のために、まず社会ありきで、個人をその型にはめていくためのものと考えられる傾向がある。これまでの型にはめていくことの方が、人類共通の課題解決のために「気づきから行動へ」「Think Globally, Act Locally」するために必要な、批判的に考えたり、変更したり、問題提起したりする力よりも優先されがちである。

日本の近代教育は明治に始まったのだが、明治時代の教育には尋常小学校という初等教育と中学校以上の中等高等教育との間には、大きな乖離《かいり》があった。庶民の識字教育と、エリートの専門教育とである。批判的思考、科学的思考は、エリートにのみ求められ、与えられ、訓練され、庶民はその結果に従っていればよいというのが、日本の近代教育であったのだ。いまだに、日本の教育は、「すべての国民に市民教育を」という目標を共有しきれていない。

なぜ、そうなのか、わたしたちが理解できるまでには、時間がかかった。「日本型コンフリクト」つまり日本社会における対立のパターン分析を行なって初めて、なぜ日本では「批判的に考える」ことや「対立する意見を言うこと」、「異義申し立てをすること」が難しいのかを理解することができた。

『多文化世界』という世界四四か国の文化的傾向を比較分析した本によれば、日本社会は「集団主義的」で「均質さを好み」「男女の役割意識が強く」「上下の力の格差の感覚が大」で「リスクを避ける」傾向が、他の社会に比較した場合、見られるという。その結果、日本社会において異質な意見、立場によって対立するということは、「伝統的・集団的価値観を体現していると信じている個人」（たいていは、上司、姑、町の上役、長老、大学教授、会長など、肩書き、年齢、学歴、性別などが「上」の人）と「個人の責任で物事を考え、主張しようとする人」との間で起こる対立になりがちなのである。そして、その対立の場面において、アメリカ式交渉術やコミュニケーションのスキル・トレーニングが役立つことはほとんどない。

日本社会に生きるということは、すでにこのような社会の一員へと「型」にはめられていくことであり、国際理解教育や近代の人間化を求める教育と、対立するものなのである。ERICが参加型学習の方法論を提言しようとしても、それはその時間の中での学習活動に限られ、効果的な学校であるための条件である「風土としての参加型」に広がることは非常に、そして非情に限られてきた。それは初等教育においてよりも、特に中等教育において顕著である。

わたしたちは価値観や生き方が多様化する時代と社会に生きている。わたしたちの社会の合意がどこにあるのか、「阿吽《あうん》」の呼吸によってわかり合い、「言わずもがな」でわかっているといえる時代と社会ではなくなっている。そのことをどれだけ近未来の課題として認識し、その未来に向けて子どもたちを準備してあげようと、真剣に考えるのか、それともこれまでどおりを続けるのかという岐路に、わたしたちは立っているのだ。

多様化は必ず対立につながる。「対立が悪」なのではなく「対立できないこと」「対立の扱い方を知らないこと」が危険なことなのである。

国際理解教育の基本

というような問題意識から見ていると、保育者たちの姿勢は、食農保育を行ないながらも、とても「日本的」だった。子どもたちの育ちの先にある小学校教育、中学校教育が「人間中心主義」に変わっていくものとしての実践であるという気概も、問題意識も見られない実践は、保育園だけでの活動として終わるのではないかという予感が苦しく、重かった。

食農のもつ「人間と自然」の一体感に支えられた育ちは、その先どこへと導かれていき、子どもたちはこれからの課題解決を担う市民として、どのように成長していくのか。それとも、日本的風土の型にはめられて、これまでどおりを、続けるだけに終わるのか。土に支えられた人間の強さに根ざして、いまの社会の再編成の根本基盤に人間をすえることを、からだまるごとで主張する存在になり得ていくのか。

『いっしょに学ぼう』で、著者であるスーザン・ファウンテンは、開発教育、環境教育などのグローバル教育に共通する幼少期から取り組める教育内容として「自尊感情」「コミュニケーションの力」「協力」の三つの力を伸ばすことをあげている。食農保育は、これらの力の萌芽を豊かに含んでいた。その先への育ちを示せる初等教育、中等教育への視線が、保育関係者も含めてすべての教育関係者に求められるのだと、あらためて思った。さもなければ、食農保育は、健康で、神経動作性の統合とバランスのとれた子ども時代の過ごし方に貢献しているだけのものなってしまうだけだ。

それでなんの不都合があろうかと思われるかもしれないが、それは違う。明治時代に基礎固めされた日本の近代教育の影は、いまや日本の教育の人間化を不可能にするほど、色濃く射してきている。何かがおかしい、教育が変わらなければと、感じる人が増えている。近代の非人間性はどこにあるのか、日本の近代の非人間性はどこにあるのか、日本の明治時代の近代教育の非人間性はどこにあったのか、教育に携わる人々が、しっかりと考えなければならない課題なのだ。これからの教育を創っていくために。

食農保育の未来は、「生命の育ち合い」が地球規模で実現されていく方向に同意するのか否かにかかっている。命に根差して声をあげていける市民へと育っていけるか否か、にだ。

食農保育のリスクと人間の安全保障

命に絶対的な安全保障はない。傷つくから命、であり、回復するから命、生き続けるのが、そして死ぬのが命、そんな命がつながっていくのが、また、命。平和教育のベティ・リヤダンが、「合理的なレベルの人間の安全保障」と言っていたのを思い出す。安全保障、セキュリティという言葉は、これまで国家安全保障を表わすものとして使われてきた言葉だ。そしていま米国は「絶対的な国家安全保障」を得ることに躍起になっているように見える。絶対に傷つけられることのない国家、攻撃されることのない国家を求めて。リヤダンはその姿勢の危うさを指摘した。アメリカの躍起さのその裏返しで、世界において人間の安全保障が脅かされているのではないかと。

傷付かないシステムは、行き止まった、死んだシステムだ。生きているものは傷付き、回復し、また傷付く。非合理なまでの絶対的な安全保障は、不合理なのだ。

子育てに求められるものも、合理的なレベルの安全管理でなければならない。子どもたちを生き生きとした生き物として生かしたいのであれば。けがや病気などのリスクを乗り越えて、食農保育が続いていくことが、わたしたちの社会の健全さのバロメーターであろう。

0歳児から食農保育で育まれたからだを持つ五歳児たち。同じように小学生になっても、きっと違うだろう。六歳から始める方が、よほどこわい。倉田さんが言う「心の中の（禁止）テープ」が取れるのに要する時間が、小学生の方が長そうだからだ。

子どもたちの行くその先を、わたしたちも共に見つめていこうではないか。次の段階を丁寧に作り上げて行きながら。

（角田尚子）

3 「作って食べる」ことの根源性
――小児栄養学の立場から見た食農保育

「食べる」ということの意味

私が専門としている小児栄養学は、赤ちゃんがお母さんのおなかの中にいる胎児期から、肉体的に成長している思春期までをあつかう学問です。現在では、お母さんのおなかの中にいるときにどんな栄養状態にあったかということが、将来の健康に影響することがわかってきています。つまりおなかの中にいるときから、ある意味で「食」はスタートしていると言えるのかもしれません。そのスタートから自分の食生活を身に付けていくまでの過程こそ、小児栄養学が深く関わっていく分野です。

小児の最も大きな特徴は常に「発育」していることであり、その発育という変化に合わせて、私たち大人の側の子どもに対する関わり方も変化します。例えば用意する食事は、乳汁などの液状から離乳食を経て固形へと変化していきます。それに伴い子どもの摂食機能も吸う段階から食べる段階へと発達し、食べさせてもらう段階から自分で食べるという自立に向かっていくのです。

そして、食事が自立へと向かっていくということは、子どもたちが自ら選んで食べる時期を迎えたということでもあるのです。

現代は飽食の時代といわれるほど、私たちの周囲には食べものが豊富にあり、一部の悲しい事件を除けば、飢餓や餓死で苦しむ子どもたちの姿はこの国にはありません。食べたいときに食べたいものを食べることが可能な状態です。しかしこの恵まれた状況の中で、生涯を通して心身ともに健康な生活を営むためには、栄養のバランスを意識することが不可欠と言っても過言ではありません。食品・栄養学の基礎的な知識、自分自身に適した食物を「自ら選ぶ」ことのできる力、適切な食生活を形成できる自己管理能力が、私たち一人ひとりに求められているのです。そのためには食生活習慣の基盤となる小児期に、子どもたち自身が健康と食生活に関心を持つこと、「食べることって大切なんだ」という当たり前のことに気付くことができる環境を大人が用意すること、それによって望ましい食生活を構築していく力を子どもたちが日常の中で自然と身に付けていくことが望まれます。

しかし人は、健康だけのために食物を摂るわけではありません。人間を含む動物は、食物から栄養素を摂取し、それをエネルギー供給源及び物質の供給源として利用し、生命を維持しています。この現象を「栄養」と呼ぶのですが、そこには必ず「食べる」行為を伴います。人間が他の多くの動物と異なるのは、この「食べる」という行為が生理的欲求を満たすだけのものではないという点です。我々にとって「食べる」ことは、社会的な営みでもあります。なぜなら、「食べる」場面には会話があり、人と人とのコミュニケーションがあります。また「食べる」前後には、調理があり、配膳があり、後片付けがあります。食材まで考えを広げれば、生産者が存在し、流通があり、人と食の世界はさらに広がります。こうして食の場面は、人と人との関わりの場面となるのです。こうした中で人と関わりながら体験を重ねていくことは、子ども自身の「食を営む力」と同時に「人と関わる力」をも育むことになります。そしてこの「関わっていく力」が薄くなっていることが現代の様々な食の問題へと発展しているとも考えられるのです。

小児栄養学は、発達段階に応じた食事内容や適切な環境によって健康な体を得ること、健康で生き生きとした生活の基本である食生活を構築する力を付けること、そして食を通して、自然、文化、社会そして人と関わる力を含めた「生きる力」を育むことを目指しているのです。そんな視点でこの映画を見ると、まさに日常の中で子どもたちの生きる力が養われていることが伝わってきます。それができる環境の、一つの濃密な事例であると言えるでしょう。

「作って食べる」ことを体験する意義

現代の食生活は外食や加工食品の利用が増加し、それが日常化していることから、採餌行動や調理行動が他者に代行されている場合が多く、「用意されたもの」を「食べる」という生活パターンは増加しています。そのため、子どもたちは毎日の食事の中で食べている肉、魚、野菜、果物などがどこでどのように育てられ、作られているのか見えにくい仕組みになっています。そのことは食物の中には命があり、その数々の命から自らの生命が成り立っていることを理解することを困難にしているのです。このような現状の中で食物の大切さだけを教えるのは無理があります。

だからこそ、食農保育という環境を通じて、人間としてごく当たり前の「作って」、「食べる」ということを、子どもたち自身が体験することに意義があるのです。日々の暮らしの中で自分の周りにある生き物と、同じく日常的に口にしている「いのち」が、実は同じものだと気付く、それでも食べなければ「ヒト」は生きていけない。そうした体験の積み重ねが、食に対する認識の基礎となっていくのです。

さらに人間が食べるものを作りだすことは、体を使い、知恵を使い、人と人が手を取り合い協力し、自然に働きかけることであり、まさに生きる力を育てる活動といえます。土を耕しならして、種をまき、毎日水をやり、草をむしり世話をする中で、収穫までの様々な工程を体験することで、子どもたちは食べものが食卓にあがるまでの努力と社会の仕組みを知るのです。また、植え方や育て方に興味を持つことは、食への興味にもつながり、子ども同士教えたり教えられたりという関わり合いにつながる場合も見られます。お手本にしたりされたり、口を出したり出されたり、ときにはけんかをしたり仲直りをしたり。人やモノと関わりながら生きていくのに必要な様々な力を養う場が食農保育の中にはあるのです。

そして、「次は何をするのかな」、「これはどうやって使うのかな」と疑問に思い、さらには「こうやってみよう!」、「こうした方が上手にできるな」など試行錯誤の実体験を通じて、自分の予測や願いを現実にする力を付けることにもつながります。

最終的には、子ども自身が暮らしを楽しむコツや知恵を自然に身につけ、他者との関わりある生活を楽しむ。そして一人になったときにも、一人なりの楽しみ方を見出し、工夫して過ごせる強さを持ったたくましい子どもへのステップとなるのです。

私たちは見えない力を育てようとしているのです。

その見えない力を育てることは難しいことです。でもその見えない力こそが生活の土台になり、生きていく力の源となるのです。

食農保育のインパクトを家庭や地域に

映画の中で子どもたちは、この年齢でこんなことができるのだろうかと思うようなことをやり遂げています。例えば鎌を使い、稲を刈り取り、そしてそれを束ね、干す作業、そしてどの作業にも安定したしっかりとした手つきで臨んでいました。さらに驚くことは、その一連の作業は、子どもたちによって自然と分担されていたのです。映像の中には収められていませんでしたが、子どもたちなりにコミュニケーションをとりながら作業を進めていたのではないでしょうか。もちろん、そこに至るまでには、子どもたちを支える保育士や職員たちによる計画的な指導があったのでしょう。そしてこの影響は、子どもたちに対する効果だけではなかったのです。子どもたちの期待を超えた振る舞いに驚き、ときには迷いながら、大人たちも少しずつ変化していく様子も収められています。

子どもの食に関する問題にはいくつかの要因があげられますが、その中でも大きく影響を及ぼしているのは子どもの置かれている生活環境、食環境、そして子ども自身の食に対する認識なのです。子どもは受け身の存在でもあり、その認識は親や保育者がつくり出す環境に強い影響を受けます。言い換えれば、子どもの年齢が低ければ低いほど、ほとんどの場合、家庭や施設の中での選択肢しかないのです。

家庭の子育て機能が低下する中で、親世代の食事作りに必要な知識・技術の低下、食を通じたコミュニケーションの場の減少などが危惧されています。ある報告では子どもの食育は大切だけれども、保護者がいろいろな活動に積極的に参加していくのは難しいという回答が多く見られました。それだけ子育て家庭の現状には厳しいものがあるのでしょう。

しかし、だからこそ私たちは意識的に家庭や地域とつながることを考えていかなければならないのです。なぜなら、私たちは無意識のうちに、また意識的に人間関係の薄い方向へ、個人単位で生活する方向へと流れているからです。その環境に慣れていくことへの危機感は、どのくらいの人にあるのでしょうか。

これまで、私たちには食卓を共有する中で培ってきた人間関係がありました。家の真ん中には食卓があり、家族や仲間とそれを囲み、同じ物を食べ、気持ちを共有するコミュニケーションの場がありました。もちろん、こうした姿が生活の中から完全に消えてしまったわけではありません。しかし一方では、個人単位の食品、例えばペットボトルや一人用の食事席などが増え、私たちの生活に当たり前のように浸透しています。また、いろいろな年齢層の食事調査結果をみても、家庭でゆっくりと食卓を囲むことができるのは一週間に一回程度のことが多いようです。私たちは忙しい毎日の中で、人との関わりの中で生きていることを見落としがちなのでしょう。

この映画は現代を生きる私たちに、多くの課題を提案しています。

私たちはあらためて、具体的に子どもたちが健やかに育つ環境を、そして私たちが生活する環境をつくっていかなければならないのです。

「子どもたちが豊かに、そして健やかに育つこと」それは私たちの切なる願いです。

（林　薫）

4 「食農保育」への反響、そしてO-157の波紋

――上映会から見えてきたもの

どこにでもある小さな四角い「園庭」。白くて硬い園庭をガッガッと掘り起こした。そこからドラマが始まった。……五年間でここまでできる。どんな小さな場所でも掘り起こせば何かが生まれる。

この映画が「子どもの生きる環境を問う」議論の場になってくれればと願い、わたしたちは上映する場(研修会など)にはできるだけ参加するようにしてきました。この映画は一人で見るのではなく、様々な年齢の人たちが一緒に見て、笑い、子どもたちの生きるたくましさを感じ、そして自身の幼児期と対話してほしい。そこで感じたことをともに語り合うことで、この映画が成立すると思っています。

(以下、アンケートの答えや発言者の性別、年齢はわかる範囲で記入しました。)

【保育園園長たちに聞きました】

熟れすぎたスイカを子どもたちにも味見体験させるべきだと思いますか?

映画の中に熟れすぎたスイカを保育士が味見して「これはダメだ。食べられない」と言うシーンがあります(一三ページのシナリオ参照)。これについて、第八保育園の保育士と親を交えた試写会では「子どもたちにも味見させるべきだった」という意見があり、一方ある母親は

「食べたいという子どもの期待の高まった中で食べさせなかったのは勇断だったと思う。信頼する保育士や親が『大丈夫だよ』と言ってくれて初めて子どもは安心して食べる。変なもの食べちゃって違和感をもったら、子どもは殺菌されたトレイにのった野菜のほうを信用してしまう」という意見を寄せてくれました。

北海道の保育園園長研修会（札幌）での上映の折、この点についてアンケートしたところ「子どもたちに体験させたい」と「変なものは食べさせたくない」と意見はほぼ半々に分かれました。

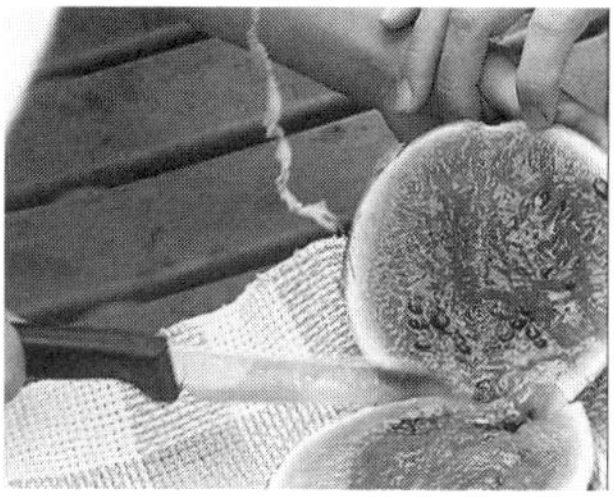

●私は子どもにも味見させてあげた方がよかったと思います。大人が判断して「食べられない」と言って片付けることも必要ですが、スイカなら少々味見させても害にはならないのではないでしょうか。味見をすれば、子どもも納得し、食べられなかったという心残りもなくなったと思いました。腐っていたり、かびが生えていたりしたら別ですが。（五六歳女性）

●熟れすぎたスイカを食べても、病気にはならないでしょう。少し口に入れてみて、「あっ、変な味、食べてはいけない」ここまで体験させたいと思います。口の中の感触やにおいで変と思ったら吐き出すということも教えたいですね。

●私だったら口に入れてやったなと思います。ただこの保育士さんの判断も間違いではなかったと思います。（五一歳女性）

●食育は人との関わりの中で育つもの、と考えるので、映画の中で保育士が判断し「食べられない」と言ったことは、自然な姿だと私は思った。（五〇歳女性）
●私も食べられないと言ったと思います。今は安全なものしか口に入れられないと思っているところがあります。O-157以来大変気をつかっています。
●自分でも食べさせなかったと思う。O-157などの影響で給食から生野菜が消えてから、畑のものをとってすぐ食べるという習慣がなくなりました。いろいろと社会問題が起こり、保育の中での対応が難しくなってきています。（四八歳女性）

読者の皆さんは、どう思いますか？　熟れすぎたスイカ。保育士は目で見て、においをかいで、一口食べてみて「食べられない」と判断しました。それを子どもたちにも味見させるべきかは、そのときのスイカの状態、子どもの顔ぶれ、園の方針や保育士の考え方、作物を育てた経験などから、一人一人がその場で判断することなのでしょう。（この保育士さんは映像を見て「一口食べさせるべきだった」と言っています。）

アンケート回答は経験を積んだほぼ同世代の保育者、それぞれに含蓄があります。

ところで先の母親の意見は、私たちにあらためて「食べる」ことと「信頼」の関係に気付かせてくれます。

私たちは普段意識もせずにいろいろな物を食べているけれど、それは食べても大丈夫という前提、安心感があるから食べられるのだと。知らない土地で知らない食べ物に接したときには

たいていの人が緊張します。信頼できる人に「大丈夫」と言われて初めて安心して食べられるのは大人も同じです。食べてよいのかわからない物を口に入れたときには「おいしい」とは感じられない。それを思うと、「食」というのは人の経験とその伝達の蓄積、歴史そのものなのだと感じます。

そして食べるという行為は、例えば袋菓子などをちょっと開けて食べる場合でも、その食べ物を知っているという信頼、作った人や食品会社への信頼、流通や行政への信頼、等々、無数の一応の信頼の上に、初めて成り立っているのだと。

また、角度を変えてみれば、食べ物というのは、人にとっては「異物」であって、それを身体に取り込むには抵抗が生じる。だから、子どもが野菜を食べない、好き嫌いが激しい、ということも、ひとつの自然な姿なのだ、と見ることもできると思います。食べられるものというのは、その子どもにとって、外の世界につながる「通路」と言えるのかもしれません。

【保育園園長たちに聞きました】「食農保育」についてどう思いますか?

●私たちも同じ考えに基づいて三〇年ほど、実践しています。食農保育は、今日の日本、特に都市生活者の子どもの保育にとって今最も求められていることの一つだと思います。

●大変重要だと思う。「やろう！　と思ったらできるんだ。できるところから無理せずに」やればよいということがわかった。

●食農保育は作物の管理が大変で、農業知識のない保育士は苦戦しています。落花生を作ったときのことが思い出されました。

という肯定的な答えがある一方、意外な難敵が潜んでいました。保育の現場にO‐157が大きな影を落としています。何人もの園長がO‐157の食中毒事件に触れています。

●数年前までは行なっていましたがO‐157が発生してから中止している。できれば取り組みたいと思うが。

●子どもにとって自然と触れ合い、生き物から学ぶという保育は、よいと思いますが、O‐157の問題があり、我が保育所の保育士人数からみて食農保育の実践は難しい。

上映会を始めるまで、私たちはこの問題がこれほど深刻に広く広がっているとは知りませんでした。

O‐157事件は、一九九六年、岡山県次いで大阪府堺市で学校給食によって多数の小中学生に食中毒患者が発生し、死者までも出たことで、社会問題化した事件です。病原性大腸菌O‐157が原因ですがその汚染源は結局は究明されないまま、マスコミも次第に取り上げなくなりました。私たち一般人はだんだん気にかけなくなりましたが、保育現場では違ったのです。行政指導によって、給食には生野菜がいっさい出されなくなったのだそうです。「果物も表面を熱湯消毒する」「おにぎりは手で握らない」どこの会場でも、行政指導の厳しさ、衛生管理の厳しさが話題にされました。そして思うように保育活動ができないのだと、苦しそうに

語る保育士さんたちに方々で会いました。
しかし、家庭では生野菜をみんな食べているのです。スイカやバナナに熱湯なんかかけません。土にO-157の菌はいない。自分たちで育てて洗ってすぐに食べる野菜に、集団食中毒の原因となるものはないのに、なぜ？
今、多くの保育現場が極端な衛生管理に手足を縛られているようです。それには、行政の縛りのきつさ、保護者をはじめ日本社会全体の基本的な知識不足、過度の衛生観念、けがや病を排除しようとする生命観、などが大きく関わっているのではないかと思います。そしてまた、保育士の側の自己規制も大きく働いているのではないでしょうか。
どうやってこの現実に風穴を開けていけるでしょうか。

【上映会のアンケートとフリートークで出た一般観客の声をいくつか紹介します】

●子どもの「あーうまかったー！」という声が「生きていてよかったー！」と言っているようだった。（五七歳女性）
●子どもたちは五感で多くのことを学んでいく。実体のないものに支配されているこの世界を、この子どもたちは変えてくれるのでは――。（三九歳男性　会社員）
●0歳児からのたくましい生きる力を見ることができて感動しました。
●子どもの育ちの場がどうあるべきかは、同時にこれからの日本がどういうベクトルに向かうかということだと思います。（四〇代女性　コピーライター）
●食育に興味を持った一教諭です。子どもがアレルギーで給食が食べられないという親が「代

わりにあんパンを持ってきていいですか?」と言いました。「こんな発想が親に?」という疑問から、食や給食の見直しについて細々ながら話し始めて、出会ったのが今日の映画です。もっと本腰を入れて考えなくてはと思わされました。(五〇代女性　幼稚園教諭)

●子育てしている中で出会う親や子どもたちは大半が、添加物でいっぱいの食品や化学物質でいっぱいの除菌を抵抗なく受け入れている。逆に虫が付いたり、穴が空いたりしている食物や土などを汚いと思っている。私自身、そんな人たちの中では適当に合わせているが、頭の中では、心の内では「おかしいよ!」と叫んでいます。(三〇代女性)

●最初の泥んこのシーンは正直抵抗がありました。自分の子どもの頃は、そういえば小学校で畑とか田んぼに関わったのを思い出しました。もっと幼児期から体験するのはいいことだし広まっていけばいいことだなと思いました。(三〇代女性　専門学校職員)

●食べるということは生きる原点でありながら、大人の私たちでも知識でしか、命のある「牛」や「鶏」が私たちの食料であることを知りません。最近の狂牛病や鳥インフルエンザのニュースであらためてそれを実感しています。今の子どもたちはどれだけ命あるものを食べていると いう実感があるでしょうか。とても貴重な体験ができる子どもたちは幸福と思います。(四〇代女性)

【アンケートを通して、現在の私たちの「食」を取り巻く状況も見えてきます】

上映後のフリートークで、ある女性は次のように語ってくれました。

挑戦的な取り組み

●私の娘は年長組ですが障害があるので心身障害児の施設に通っています。先ほど、白いご飯しか食べられないという子の話がありましたが、特に自閉症のお子さんとかはすごく食域が狭くて、中にはこの世の中でこの一種類、このメーカーのこれしか食べられないというような子も結構いるんです。一時間の食事の中で一口も食べられない、というお子さんもいます。先生が一対一で一生懸命いろんなアプローチをしながら一つでも食べられるようにという努力をしてくださる。親も、食べないと死んじゃうと思うからすごく焦る気持ちを持ちながらも、つらくなったりして、最初の内はあきらめというか、「食べられるものだけ食べさせておけばいいや」という気持ちになるのを、そういう先生方の取り組みを見て励まされて、……。食べられないというのは、親にとっては眠れなくなるくらいつらいことなんですけど、取り組みをしていく中で、一つ、また一つ、食べられるようになって、そのたびに拍手大喝さいしています。やっぱり幼少期の努力というのがすごく大事なんだなと思うのは、そういう取り組みを重ねることで、小学校に入学して給食になった段階で結構食べられるようになるお子さんがいるらしいんです。「食べられるようになった!」と。

今回、私はこの映画のタイトルにひかれて上映会に来ました。私は障害を持つ子の親の会もやっているので、食べるということの究極のところから始めて、落葉を拾ってきて堆肥《たいひ》を作って、そこで野菜を作ってとかいう取り組みをしたいなという気持ちが以前からあったんです。O‐157の難しい問題もあったりして、食材をいっさいさわらずに調理するというような今の現実、そのなかですごく挑戦的な取り組みになっていると思います。

子どもたちの表情がすごく豊かで、ほんとに無心にお米をこそげ取って食べている姿とか、やっぱりそれは子どもだなあって思って、大人もそういう子どもの表情に、生きている実感を感じさせてもらいました。

本来ならば親が家庭の中で昔はやれていたこと、でも私もこの子を育てていてなかなかそういう機会がない。でもできる限りそういうことを、この子が知的に遅れがあっても体で実感できることは、すごくやりたいと思っています。(吉岡かおる)

子どもの生きる環境、質の高い遊び

上映のあと「子どもの生きる環境を問う」と題して何度かシンポジウムを開きました。シンポジストとして参加してくれた第八保育園の園児の親の発言から、一部紹介します。

●上の子は映画の中で落花生を育てていたクラスの子で、もう卒園しましたが、保育園生活で本当にいっぱい遊ばせてもらったなと思っています。経験した遊びは、八国山でがけを登ってみたり、農作業をしてみたり、泥んこになってみたり、ウサギや犬の「ナッちゃん」と遊んでもらったりと、ある意味質の高い遊びだったと思います。

私は小学校の教員をしています。最近、生活科や、総合的な学習が実施される中で、学校でも遊びがすごく大事なんじゃないかと言われるようになりました。そこで、子どもたちを雑木林や野っ原に連れて行って遊ばせるんですが、何をしていいかわからなくて途方にくれる子っていうのがいるんです。滑り台があるわけでもなく、「こうやってみんなで遊びましょう」という大人の指示があるわけでもないので、どうやって遊んだらいいかわからない子が見受けられるんです。

わが子は何にもない所で、ただ木や草が生えているような自然の中で上手に遊んでいます。木に登ってみたり、草や虫と遊んでみたり、歩き回っているだけで楽しいというような姿をよく見ます。遊具や大人の仕掛けが何もなくても遊べるというのは、これから大人になっても必要な「生きる力」なんじゃないかな、で、親ばかですけれど、ちょっといいなと思っています。保育園で、しっかり生きるための根をはってもらったような気がしています。

下の子がそろそろ農作業をする三歳児クラスになりますので、これから土で煮しめたようなパンツを洗濯する日々が来るかなと楽しみにしています。（笹島朋美）

●ここは、園庭がごちゃごちゃしている。動物、虫、植物、生き物でごちゃごちゃしているっていうのがいいと思う。生きていないものでごちゃごちゃしてても、パワーが感じられない。ここは人がいなくても何だか、こう生きているもののパワーを感じられる園庭だと思う。

虫もいっぱいいて、食って食われて、死んで生まれて。その大きな食物連鎖の中に人間がいるだけ、っていうことに、僕たちは大人になって考えて初めて気が付くんだけど、子どもは子どものうちに、頭では理解できないけど、たぶん感じているんじゃないかなと思う。「生き物は生き物しか食うことができない」というのを、わかっている気がするんだよね。僕は最近わかったんだけど、子どものうちにわかっていたような気がしないでもない。

小さい頃に生き物や植物に、たくさん関われていた子どもであれば、大人になったときに、例えば、「この地に大型マンションを作ろう、大型リゾートを作るのを計画しよう」と言われたときに、まず「?」というのが浮かぶ気がする。

最近思うのは、親が子どもに干渉しすぎる、ということ。すぐ「あーしろ」「こうしろ」「あーしちゃだめ」「こうしちゃだめ」と言ってしまう。僕もつい言っちゃったりする。子どもっていうのは大人の許容枠をすぐに超えてくるから、「え? もうそんなこともするの?」って。いつもいたずらばっかりしているんだけど、でもそれが子ども、「本来の子ども」なんだと思う。

それと親が妙に安全志向になっていて、例えば子どもが歩く先のつまずきそうな石をよけて拾っちゃっているようなところがある。僕は子どもが遊びに行ったら、骨の一本くらい折ってもしょうがないかなと思っている。楽しいことは危ないことの中に入っているっていうか……。実際にやったら、親としては止めるけれど、頭では、そのくらい遊んでくれないと、と思っている。

家にもゲームがあるけど、ゲーム以上の楽しいことは本当はあるんだよね。それが何か、子どもが自分で見つけてほしいと思う。(関根　浩)

まず、大人の考え方を変えること

映画が上映され始めたちょうどその頃から、「食育」という言葉が盛んに語られるようになりました。「食育基本法」が制定され、保育現場では「食育」が義務として推進されることとなりました。

石川県能登半島では、これまで八か所ほどの市町村で保健福祉センターなどが主催する「食育研修会」において上映されました。保育士だけでなく保護者や行政の職員、食育ボランティアの年輩者たちが参加しました。「食育って何だろう?」と考えるときに、この映画を見て、「子どもの生きる力を育てるという原点に立ち戻ることができた」という声が寄せられる一方、ここでもO-157問題が立ちふさがっている状況が見てとれます。

ある会場では、「(映画を見て)実施したいが現状ではできないことは何ですか?」という設問に対し、「O-157対策の問題がどうも気になり、採れたての野菜が食べられない」「採れた野菜(大根など)を、水で洗って、その場ですぐ食べるということは衛生面を考えるとできない」「本物の味を知らせることができない」「してはいけないことの制約が多すぎる」「今のままでは保護者の方からの賛同が得られない」と答えています。

しかし、同じ人たちがこの映画の感想を次のように書いています。

「昔は家庭で体験していたことが今では保育園などで体験させてあげないとできないということが悲しく感じます。映画で子どもたちが体験していたことは、私は家庭ですべて体験できたことでした」

「涙が出そうなほどに心が震えて感動しました」

「私が幼少のころの体験を保育園でしている。子どもたちの生き生きとした表情がとても印象的でした。衛生面が気になりました。採れた大根をすぐに食べ本物の味を知ることはとても大切な体験だと思いますが」

「今、自分がしてる保育とはなんだろうと感じました。子どもが失敗できる環境を大人が用

意することが大事と考えました」

子どもにどんな体験をさせてやれるのか。子どもたちの育つ環境の問題が、保育園の中だけでは解決できない。行政や今の社会のあり方と、自身の保育観の間で揺れる保育士さんたちの姿が見えてきます。しかしこの現実を変えていこうと、動き始めている人たちもいます。保育の現場にも、行政の中にも。

第八保育園でも、子どもたちは食べ物にさわる前には必ず手をアルコール消毒していました。給食の前、畑の野菜を調理する前、おにぎりを握る前、一日に何回もシューッとやるのを見て、驚いたものです。園内はいつもきれいに清掃されていました。犬やウサギやチャボたちは獣医さんの定期検診を受けていました。大人がやれる準備はすべて整える、その上で、みんな畑で採れた生野菜は思いっきり食べていました。

「行政指導と保育園の現場では、事故が起きたとき誰が責任をとるのか、という議論で終わっている。私たちは保育の専門家として、子どもに優先すべきことを考え実行する」と上映会の席で野村さんは言いました。そのために、ときには行政担当者と言い合うこともあると。

●この映画を見るのは二回目です。前回は涙が出て止まらなかったのですが、今回は「いつ頃から子どもが生き生きのびのびと本当に輝く保育ができなくなったのだろう。ずっと以前には、もっとゆったりおおらかな保育をしていたのに」と考えながら見ていました。

●採れたての大根を生で食べているのを見て（その自然さに）ショックでした。昔は野の草も食べられる物は食べていたのに、今ではどんな草だったのか思い出すのも大変なくらいです。

形のそろったきれいな野菜。そして洗うことや、消毒に振り回されていると思いました。

●我が子にこれだけの経験をさせていれば、今頃はもっと、と考えさせられる。しかし、いざ、やるとなると時間がかかる、自分も育て方を知らない。さあ、誰に聞こう、どこでやろう、衛生的ではない……と、いろいろな問題が出てきます。それを一つ一つこなすことができるか？

子どもに教える前に、まず大人の考え方を変える。大人がまず勉強して、体感すべきである。昔みたいに生活に余裕があれば……。忙しい毎日の中ではとっても無理ですね。でも、家庭の中でもできることから始めたい、始めるべきだと思い知らされました。

●自分の小さい頃を思い出し、感無量の思いをした。特にご飯を炊くところ。小さい頃（小中学生の頃）夕ご飯を炊く係で遊びの途中に帰って来たことや、なかなか火が付かなかったこと、炎を見ながら何となく心が落ち着いたことなどの思い出があり、今思うと心豊かな思いをさせてもらえたんだなあーと思わされた。

この園庭は、ゆったりとした時間がつむがれていることがよくわかった。（五〇代女性　保育士）

（小林茂樹・大木有子）

5　現代における「子どもを育む」ということの意味
――「食育」と「食農」

子どもを育むことを考える――食育の意味

＊石川県内の食育研修会で、この映画を上映し、「食育」とは何かを独自の観点から語ってきた沼田直子さんの講演の一部を紹介する。沼田さんは「食」を考えることで、現代に生きるということを考え、子どもを育むという観点から「食育」をとらえる。それは「食農保育」にも根底で通じている。

（1）「よりよく生きる」が食育の根っこ

私は小児科医として特に思春期の子どもたちと関わってきたことが、自分の活動の原点、活力になっています。「食育」についてもそういう背景を持って考えています。

「食育」についてお話をする小児科医がいないせいもあってよくお声がかかります。今まで保育園に呼ばれてお話をしますと「朝ご飯を食べない子がいる」「夜遅くまで起きている子がいっぱいいいる」生活習慣の乱れをどうにかしたい、この辺の医学的な裏付けの話をしてほしい、と必ず言われました。五、六年前までそんな話ばかりしてきました。けれど生活習慣を変えることが本来の目的ではないのです。

子どもの心が育って初めて生活習慣が変わってくる。子育てを親がどう考えるか。それによって初めて生活習慣が変わってくる。根っこにある問題を考えなければならない、総合的に色んなアプローチをしなきゃいけないということに行き着くのです。食育もまず根底にある、もっとよりよく生きたいんだという親と子どもの気持ちをどう伸ばすか、それがあって初めてどうやって食べていくのか、やはりどう生きるのかという問題と切り離せないのです。

それともう一つ、視覚的な情報にあふれて本物の経験が乏しくなっている今の社会、私たちは本当に時代の転換点にいると思います。食体験も含めて、生きていくためのリアルな経験を次の世代にどう伝えていくか、これが大きな課題だと思います。

(2)「自分を頼む力」が人の根っこ

小学校の高学年で、自分ががんばっても何にもできないんだと、将来の夢を持てない子どもが日本にはとても多い。「子どもの体験活動等に関するアンケート調査(平成一〇年文部省)」によると、小学校五年生の女の子に聞くと、「努力すればたいていのことがかなうと思う」子どもがなんと三割くらいしかいません。このことを私たちは深く考える必要があると思います。

これは大人も一緒だと思います。「どうせやったってできないんだから」、「どうせいろんな障害があるんだからやっても無駄よ」この大人の姿勢がやはり子どもに伝わるんだろうなと思うんです。

私事になりますが、私は結構あきらめないんですね、無理だと思っても一歩足を踏み出せばどうにかなるだろうと。足を踏み出してみて泥沼だったら泥沼でぶくぶくと沈んで、まあしょうがないかみたいに、やってみる。そういう親の後ろ姿をみてうちの娘はどんな人間になるんだろうなと。小学校五年生になってこの質問をぶつけたときに「私はできる」という娘に育ってほしいなあと思っています。

転んでも自分で起きられる力を持つ人間になってね、自分という人間を頼りにできる、そういう人間になってね、と私は本当に心の底から思います。大変難しい時代になればなるほど、子どもは巣立っていくプロセスで何かの障害にぶち当たる、何か本当に苦しいことに突き当たる。そのときに立ち上がる力が生きる力、自分を頼む力です。

今、赤ちゃん学がとても盛んで、赤ちゃんがどういう能力を持っているか、いろいろ研究されています。小児科の世界でも長い間、赤ちゃんというのは白紙に近い状態で生まれてくると考えられていました。言ってみれば赤ちゃんというのは「反射のレベルで生きている動物」だろうと考えられていて、それが早期教育の基本的な考え方になったんです。早期に子どもに教育しその白紙によいものばかり刷り込めばどんな人間にもつくり上げられると、これがアメリカの早期教育の考え方を提示した人が言っている言葉です。けれども、実はそうではない。私は、臨床医として二〇数年やってきた経験からいっても、赤ちゃんは本当にいろいろな力を持っていると思います。胎児であっても。私はもともと循環器の医者だったので、娘がおなかの中にいるときは、昼休みにエコー室にこもってよく超音波を当てて「何してるの？」と会話してました。あ、今あくびしたわとか、今チュッチュッと親指吸ってるとか。胎児であっても呼吸する訓練、それから目を動かすとか、いろんなことを、生きるための準備をしている。私すごく感動しました。そして生まれてから赤ちゃんは泣いて人と関係性をとりたがる。「抱っこして」と。

私は、思春期の病棟にいるときに「食べたくない」という摂食障害のお子さんに何人か会いました。もう生きるってことを拒否するんですね。でも乳児の三ヶ月健診をやっていて、生きることを拒否する赤ちゃんに会ったことはないんですね。みんな生きたい。泣いて抱っこしてもらいたいし、お乳を飲んで大きくなりたい。そしてほめられたら自分はできる存在であると、もうぴっかぴかの自尊感情をいっぱい持っているんです。

その自尊感情や生きる力が、この写真の内側の青い矢印（⬇）です。そしてそれをどんどんどんどんそぎ落としていくのが、外側の黄色の矢印（⇩）なんですね。これは、社会のシステム全体の問題や、大人や親たち、周りで関わる人間のちょっとした姿勢や一言です。

青い矢印がどうそぎ落とされるのか……とても単純にした例ですが、一つ例をあげます。この真ん中はうちの娘が小さいときの写真です。目がぴかぴかしています。初めて自分でスプーンでヨーグルトが食べられる、そういう誇りに満ちてるんですね。子どもは日々うれしいことがいっぱいある。「あー、これできた！」「今日、これできた！」。このときに、「あー、すごいね、できたね」ここまではほめるのは誰でもたいがいやるんです。後ろに積んであるのは布団です。娘がぱっと振り向いたときに、布団をヨーグルトでべちゃべちゃにされるわけです。とっさにスプーンを取り上げるか、「ウッ、今日これだけぴかぴかしているんだから、あとで布団拭いて干しとけばいいわ」と思うか。この話をすると、皆さんたいがいここで「うふふ」と笑うわけです。皆さんスプーンを取るんですね、「何やってるのよ」と取っちゃうんです。子どもの思いを受けとめる余裕がなかったり、大人の都合を優先させちゃう。

でも、みんな腫れ物にさわるようにしなくてはいけないかといったら、そんなことはないんです。青い矢印がどうそぎ落とされるかは、実は子どもの「気質」と関係があるんですね。踏まれても踏まれてもたくましい子どももいます。ちょっと注意されたくらいでは、「へへん」ってどこか行っちゃって、また同じことをする。そういう子どももいる。でもそういう子どもこそ実は傷付きやすかったりもするのですけどね。一方、大人が怒るとピシャンとそれでだめになっちゃう子もいる。次からは「ちょっとやってごらん」と言っても「わたし、やらない」というようなタイプの子もいる。ですから子どもを本当によく見て、この子はどういうタイプの子なのか、どういう青い矢印を持っている子なのかということを見極めるということがとっても重要だと思います。

子ども自身が自分には力があると思える存在に育っていく、このことがもっとも根底的な大事なことです。そのために私たち大人は何をしなければならないか。

(3)「育む」原理

この写真は一九五〇年代です。たった五〇年前にはこんなに牧歌的でのどかな世界があった。

日本は農業をやっている家がいっぱいあって、ものを育てるという原理、ゆっくりとした時間の流れが生きている時代があった。車が通らない道で、石ころを拾ったり草花を眺めたり、それがとても豊かに感じられる親と子がいたんだ、と自分の幼いときの写真を眺めながら思うのです。この写真の中の母は、きっと腕時計なんて持っていない。「じゃあ五時半になったら帰ろう」とか、「九時までには寝かさなきゃ」なんて、写真を撮っている父と会話しているなんて思えない。子どもたちが遊ぶのに飽きるまでそばで眺めながら、「日が暮れたから帰ってご飯食べようか」って。何かするべきことに追われたり、コントロールしたり時間に縛られたりしない、アバウトな時間と空間が広がっている日常が普通だった時代、そんなやわらかな気持ちに包まれるのです。実は子どもを育てるのは、〝母性〟原理なんですね。この場合の〝母性〟は女性を意味するものではありません。大地のように何かを育む原理を持つものが〝母性〟原理だと思います。農業に携わる人、花や作物を育てている人には、身に付いています。自分ではコントロールできない自然の摂理を受け入れ、あわてず待つ、ゆっくりした時間の流れを持っている、それが「育む原理」なんです。五〇年代にはまだ多くの人たちが共有していたことです。

ところが私たちは今、効率、評価、管理、コントロールの原理にものすごく侵されている。先日、娘の就学前健診に行って「小学校にあがるまでに二〇分でご飯を食べられるように練習をしてきてください」と言われて、目が点になっちゃいました。小学校、中学校、高校、大学と、ずーっと時間割の中で暮らす。そこでは成績で評価され、効率を求められる。私が今心配なのは、保育園にもこういう教育現場の原理、ビジネス原理がどんどん降りてきているのではないかということです。保育というのは本来〝母性〟原理の場だと思うのです、育む原理。一人一人それぞれの個性をずーっと眺めて「この子はどんな青い矢印を持っているんだろう」こういう目で見て育む原理を持っていることが、保育園の素晴らしいところのはずです。早期教育をしろとか、保育園を出るまでに字を書けるようにとか、そういう目標はいらない。親として本当の気持ちは、子どもの一番柔らかくて暖かくて大事な部分を育ててほしい、どの親も同じことを言うんです。

時代がどんどん、ビジネス原理、評価する原理に追いつめられています。今、子どもたちの不登校とか引きこもりとか、大人にもいろいろな問題が顕在化しているのは、この原理と本来の人間の生き方のボタンのかけ違いではないかと思います。

子どもの生きる力を育むためには、子どもをよーく見ること、それと待つことです。待つというのは、大人が自分の思いどおりにはならないということを納得した上で、子どもがやると言うことをなんだろうって面白がって見られること、大人に心の余裕がないとできないことです。そしてその根底にあるのは子どもの力を信じることですね。この子はちゃんと待ってあげればやれる、それが五分でできるか一〇分でできるか一時間かかるかはわからない。けれどもその子どもがやれるという力を信じて待てる。それが子どもの生きる力を伸ばしていくことだろうなと思います。

（4）「時代が損なう子どもの自由な時空間」がもたらすもの

もう一つ、子どもが育つ要点の一つは、実は自由な時間と大人に干渉されない空間なんですね。これは特に小学生くらいになるとものすごく重要だと思います。これは土門拳さんの一九五〇年代の写真です。この時代は、親は忙しくて干渉したくてもできなかった。放っておかれた子どもたちはみんな集まって体を使った遊びをするわけです。缶けりしたり、かくれんぼしたり。その中で子どもたちは遊ぶ道具がないとああやってさびた包丁を持ってきて、その辺にある木の切れっ端を削るわけです。

子どもってのは面白いなと思うんですけど、自分の能力よりちょっと上のことをやりますよね。ちょっと上をやる、でも絶対にものすごく危ないことはやらない。このバランス感覚はすごいと思います。この子も指は切らないと思うんですよ。少なくとも指を切り落としたりすることはないと思う。でもこれが私の娘だったら私は絶対取り上げると思います。一九五〇年代は、大人に干渉されない空間を、うまーい微妙なバランスで時代が作ってくれていたんです。親は言いたくてもその場にいないから、子どもはぎりぎりのところでやっているわけです。これがものすごく大事で、「自分はできるんだ」と、「包丁っていうのは使うと指が切れて血出るんだ」と、体験しながら学んでいく。

時代が便利になっていけばいくほど、ある意味では不便な時代になりました。今、子どもたちに「この野菜はね、農家の人がす

（撮影　土門拳）

ごく大事に育ててくれてね」といろんなこと教えてますよね。ところが子どもたちが「ああそうなんだ」って感激して食べるかと言えばそんなことはない。やっぱりお腹が空いていれば食べるし、空いていなかったら残すわけです。子どもたちが本当に空腹であることだとか、満腹であることの幸せ、それから食べ物というのは自分の体の隅々まで生かしてくれるということの実感というのは、この時代、こういう不便な時代に逆に子どもたちは体感して学んでいった。今はわざわざ、時間と機会を工面して、朝ご飯は食べてきてね、包丁はこう使うのよ、お米はこうできるのよ、と教えるような時代になってしまった。でも「体験して納得する」のと「教えられて知る」では、心への落ちて行き方が全然違う。「教えられて知る」のは頭のレベルでとどまることのように思えます。

便利な時代が、子どもから奪ったものは、自由な空間、自然、ゆっくりした時間の流れ、生活の細部に関わる、でも生きていくためにとても必要な体験。自然は子どものこころを包む子宮と考えれば、子どもにとってほっとできる心の居場所が狭くなってきている、そんな感じがするのです。

（5）何のために——食育の目的

「食育」という言葉にはいろんな定義がありますけれども、技術的な目標としては「体にいいものを自分で選んで、自分の食事は自分で作れるようになること」と私は言い換えています。これがまず、一生生き抜いていくために大事なことです。現代は「教えられて知る」というレベルは避けて通れない。もう不便な時代には戻れないから「教えられて知る」から「納得できる体験」としていかに心のレベルまで落ちていけるものにできるかが、重要なことです。

自尊感情が育つために重要なキーワードは、子どもが任せられること「子どもが主役」、そして自分でちゃんと実際できるじゃない、って心で納得できる「体感」の重さです。

子どもの中の何を引き出していきたいのか考えてみる。それだけで同じことをやっていても、子どもに伝わることがまったく違ってきます。例えば大人がサツマイモを育てて収穫してスウィートポテトを作り、子どもがそばで時折それを眺める。それと、「子ども自身あなたが」育てたサツマイモで、全部自分たちに任せられてスウィートポテトを作るのでは、子どもたちが感じるものは違ってくる。そこでは目的にしているものが違う。前者は子どもに「サツマイモってネ、こんな風に育って……」知識を教える食育です。後者は「あなたもちゃんと食べるものを育てて自分でおやつを作れる、そんな力のある存在なんだよ」。生きる力そのものを子どもに伝えるための食育。

ただこれは園の実力とか、環境のいろいろな問題が条件として関わっているので、できない園もある。でもいろんな方法がとれると思うんです。

「みんなで食べるのは楽しいね」と、お昼ご飯を楽しくする。これも重要な「食育」です。「ああ、おいしいね」っていう気持ちは、「生きてるっていいな」につながります。生きる根源的な力に関係した大脳辺縁系という発生学的に古い脳のところを、食べるということが刺激する。楽しい食事をとり戻すことは、大脳辺縁系という「こころ」を育てる、心に響く食という観点からも、もう立派な食育だと思います。

ですから「食育」はこれだ、というふうにあまり決めないで、自分たちがやれる範囲で子どもたちの「生きる力」ぴかぴかと光り輝く力と「食」をつなげてやれるか、ちょっとした工夫をやればいい。保育園で年長さんがお米を洗って炊飯器でご飯を炊く。それだけでも、ものすごくうれしいんですね。「自分が洗って、園のみんなが食べるご飯を炊いた！」炊きたてのご飯は絶対にO‐157の心配はいらないわけです。

「食育」というと、子どもに教えるとか、子どもが変わる、それでその延長線上で親が変わればいい、なんて思っていませんか？　そうではなくて、保護者、子どもに接する私たち大人がどういうふうに食べて、どういうふうに生きていくことを考えるか、自分たち自身が生き生きとしているか、じつはそこを問われるのだと思っています。（講演録より）

「食農保育」の映画が問うもの

（1）映画との出会い　言葉が映像になった衝撃

はじめてこの映画に出会ったのは、金沢市内での小さな集会でした。その頃、「食と農と子ども」すべてに共通するものとして「はぐくむ（育む）」ということをキーワードに、多種多彩な方々とのネットワークづくりの会を細々と開始していましたが、この映画はまさしく、自分が語り自分がしたかったことの本質を目の前で映像として見せてくれるものだと、すべての場面に心が釘付けになる気分を味わいました。

（2）食を通して現代を考える

子どもの育ちを見つめ考えてきた小児科医という立場から、私自身が食育の根っことして考えたことは、食べることを考えることで現代に生きるということを考えるという大きなテーマでした。

人は生きるために必ず毎日何かを食べています。食べ方が変わってきたことは、人の生き方が変わってきたことと大きく関係している、漠然とした不安が皆心にあるのだろう、それが今の食育ブームの根底をなす心象風景なのだろうと考えています。コントロールされ、効率を求められる世の中の原理の中では、食はとてつもなくエネルギーと時間を消費するものです。忙しい日々の中、睡眠を削り、便利な世の中でお金さえ払えば食べ物が手に入る時代に、食は単にエネルギー補給になっているのです。食べ物は生きたものではなく、物になるとき、私たちの心に起きる変化とは……。私たちが思った以上にやはり損なってきたものは大きかったと感じるのです。

(3)「食農保育」命の輝きが伝えるもの

映画の中にあふれていたのは、命の輝きだったと思います。大根、ピーナッツなど作物がクローズアップされると、緑は生きた色として映し出され、植物はまさしくその瞬間を生きているものとして命の輝きを感じさせました。なつかしい土のにおい。チャボが園庭でクックッと首を突き出しながら歩き、犬がほえる。セミの鳴き声が園庭に響き渡る。そこはまさしく「農家の庭先」でした。命があふれ、命が輝く場所で、子どもたちは同じ生きるものとして、その中でなんら違和感なく融合している、「みんな生きているんだ」。雨に濡れた草のにおいや、炊きあげたご飯のにおい、汗のにおいまで感じられるようでした。生活にはにおいも色もあるんだ、当たり前のことなのに、なぜ心がふるえるのか。

映画の中では、子どもたちは生き物の延長線上にのびのびと自分の時間を生きている姿がありました。窓辺で遊び疲れてお茶を飲みながらボーッと景色を眺めている姿、裸になって水浴びをしている姿、ボールを蹴りながら走り回る姿。「子どもたちの命の輝きは、いつの時代でもちっとも損なわれてはいない」、常に言葉で語りながら伝えきれないむなしさは、子どもたちの表情の前ではすべて吹っ飛ぶくらい命の輝きは圧倒的な力を持っています。私たち大人は、もっと子どもを信じていい、人の力を信じていい、それがこの映画の大きなメッセージの一つだと思います。現代は、人の力を信じ切れない大人がとても多い時代なのだろうと感じています。不安は怒りを呼び、そして攻撃に変わります。現代を生きる人が、もう一度思い出さなくてはいけないメッセージが、「人」そのものへの信頼感だろうと思うのです。

この映画の素晴らしさは、制作者がこの命の輝きを愛おしんでいること、子どもたちのすることをじっと待ってただ「つきあっていくよ」と大人の側にも自由な時間の流れを感じさせること、そして楽しんでいることだと思うのです。そういう意味でも、力のある大人が大勢出てきます。子どものすることを「見る」、「待てる」、「信じる」。言うのは簡単なことですが大変なことを、大人は学び実践していきます。「ここは子どもが暮らす場所じゃない」と直感したという感性、コンクリートの園庭を掘り起こした勇気。子どもの力に触れるのみならず、大人の実力を実感します。あきらめてはいけない、子どもたちが子どもたちらしく、人が人らしく生きていられるために、そんな勇気を与えられます。

(4) 伝え続けることの意味

映画の上映を繰り返すと、見ている方々がどういう反応を示すのか、とても興味深いことがあります。年輩の方が多いときには、わらを編むシーンや釜のお焦げをそぎ落としながら夢中になっているところでは、声にならないようなため息のような思いが伝わってくるような気がするのです。映画の中で生活体験を共有する一体感に包まれるときです。

自分にとってみれば巻き返し繰り返し見ても、感動は決して枯れることがないのは、自分の心の深い部分にその都度触れる、逆に言えば、心に響く原風景が私の中に生きているから。蝉《せみ》時雨《しぐれ》のようなセミの鳴き声を木のざわめきの中で聞いた幼い日々、暗くてわくわくして叱られながらも潜り込んだ土蔵の中、自分が子どもを生きていた時空間が広がるのです。この映画で心が動かない大人が増えるとき、私たちは「生きる」ことの質を変えざるを得ない時代を迎えるのではないか、そんな危機感も感じるのです。次の世代に伝えられる「生きる」ことが感じられる風景、心の原風景という言葉をいつも心に留めています。

自分自身は、農の体験がほとんどないのですが、生活体験の中でものが育つことを感じられる時代に生きて来られた。「命は命からしか学べない」映画の中の言葉は、とても大きな意味を持つと思うのです。食育は今ブームです。言葉も乱れ飛んでいます。食育でも、食農でも、食農保育でも何でもいい。映画の中で見るように、大切なことは、私たち人間が本来育つ場所はどこであるのか、私たちが根源的に持っている自然との共存、大地に近い生活の必要性を伝え続けることだと。それが「生きる」ということの本質を次の世代に伝えられる力になるのだと信じたいと思うのです。

(沼田直子)

あとがき

私たちが制作した記録映画『たべる たがやす そだてる はぐくむ　食農保育の実践』上映会では映画の後に、ここに執筆いただいた方々も交えて、座談会やシンポジウムが何度か開かれました。様々な角度からの意見が交錯するところで、パチッとひらめくものがありました。映画と共に読まれるブックレットを作ろうという話が始まりました。企画を進める中で、本だけでも完結できるものにしようと構想を立てました。しかし、実際に出版にこぎつけるまでには、長い時間がかかりました。

その間に、「食育」ブームが巻き起こりました。スナック菓子のメーカーが低迷する売り上げの回復をねらって、小学校の「総合的学習の時間」に「食育」の出前授業を行なう、などという記事も新聞に紹介されるような状況になりました。

早く出さなければと焦る気持ちもありましたが、地に足を着けたところで子どもの育つ環境を問う本にしたいという思いがあります。

この本を読むことで、読者の皆さんが座談会に参加しているように、「食農保育」や子どもたちの育つ環境について、多角度から考えるきっかけを得ることができれば、と願っています。願わくば、多種多様な方々がこの座談会に加わってくださることを。

執筆者の方々は、それぞれに仕事の場で激務に携わりながら、「食農保育」が掘り起こすもの、子どもを育む大人たちのあり方について、それぞれの専門分野から力を込めた問いを投げかけてくださいました。

また、上映会を企画してくださった方々、アンケートに意見をお寄せくださった方々は、私たちに現在の保育の現場、保育士たちの苦悩を知らせてくださいました。

第八保育園の保育士をはじめとする職員の皆さんは、試行錯誤しながら子どもたちと共にある姿をカメラの前に見せてくださいました。

農文協の編集部長金成政博氏は、私たちの思いを受け止め、編集部の本谷英基氏は、思いが本という形になるまで、未熟な私たちを辛抱強く支えてくださいました。

それぞれの皆様に、心から感謝を申し上げます。

そして、いつもその圧倒的な生命力で私たちを力付け、生きることの意味を感じさせ考えさせてくれた子どもたちに心からの感謝を捧げたいと思います。

今年、映画の中の0歳児たちは、年長組になりました。

二〇〇六年九月

編著者を代表して　小林茂樹・大木有子

【執筆者紹介】

小林茂樹　一九五二年長野県生まれ。映像作家・小林大木企画　執筆＝はじめに、第1幕1・2、第3幕4

大木有子　一九五四年群馬県生まれ。映像作家・小林大木企画　執筆＝第1幕1・2、第2幕5、第3幕4

倉田　新　一九五八年東京都生まれ。元東村山市立第八保育園園長、東横学園女子短期大学保育学科専任講師　執筆＝第1幕3、第2幕1・3

野村明洋　一九六四年埼玉県生まれ。東村山市立第八保育園園長　執筆＝第1幕3、第2幕2・3・4

磯部錦司　一九五九年岐阜県生まれ。宝仙学園短期大学助教授・造形教育学、平面作家　執筆＝第3幕1

角田尚子　一九五五年大阪府生まれ。ERIC国際理解教育センター代表　執筆＝第3幕2

林　薫　一九六九年広島県生まれ。白梅学園大学子ども学科専任講師・小児栄養学　執筆＝第3幕3

沼田直子　一九五七年富山県生まれ。石川県健康福祉部子ども政策課担当課長（母子保健・家庭福祉担当）・小児科医　執筆＝第3幕5

記録映画『たべる　たがやす　そだてる　はぐくむ　食農保育の実践』についてのお問い合わせは、

小林大木企画　〒357-0031　埼玉県飯能市山手町20-20

電話・FAX　042-973-5502　ホームページ http://www.taberu-ta.com

へお願いします。

食農保育　たべる たがやす そだてる はぐくむ

2006年9月30日　第1刷発行

編著者　小林茂樹・大木有子・倉田新・野村明洋

発行所　社団法人　農山漁村文化協会
郵便番号　107-8668　東京都港区赤坂7丁目6-1
電話　03-3585-1141（営業）　03-3585-1145（編集）
FAX　03-3589-1387　振替　00120-3-144478
URL　http://www.ruralnet.or.jp/

ISBN　4-540-06243-3
〈検印廃止〉

Printed in Japan
乱丁・落丁本はお取り替えいたします。

製作／（株）編集館
印刷・製本／凸版印刷（株）
定価はカバーに表示